副業時代の人材活用

GIG MINDSET

ギグ・マインドセット

PAUL ESTES

ポール・エステス

和田美樹 訳

アルク

序文

ディック・フォスベリーは、高校在学中に走り高跳びに魅了された。だが、得意だったかといえば、そうでもなかった。当時主流だった跳躍法はどれも、体の正面を下に向けてバーを跳び越えるスタイルで、それでは6フィート3インチ［約1メートル90］跳ぶのが精いっぱいだった。

やがてオレゴン州立大学に入ると、そこには、当時一般的だったおがくずや木くずの着地マットではなくスポンジマットがあったので、彼は新しい跳び方に挑戦するようになった。仰向けの状態でバーを越え、背中からスポンジマットに着地するスタイルだ。フォスベリーはその後まもなく6フィート10インチ［約2メートル08］という記録を打ち出し、やがてオリンピックで、7フィート4インチ［約2メートル24］の世界新記録で金メダルを獲得した。[1]

フォスベリーは、走高跳選手たちが100年続けていた、上体を下に向けて跳ぶスタイルと逆さの姿勢で跳ぶ方法を考え出し、記録を塗り替えた。その結果、今では「フォスベリー・フロップ（背面跳び）」が跳躍法の常識となっている。

ポール・エステスが今やっていることは、これとまさに同様だ。彼は問題に取り組み、よりよい成果を出すためにパラダイムをひっくり返し、新たな方法を見いだしている。民主化されたテクノロジーとオープンイノベーションを活用して、最適な人材や新たな解決法を見いだしているのだ。

ポールは「ギグエコノミー」〔ネットを通じて単発の仕事を受注する働き方や、それによって成立する経済形態〕のパイオニアである。彼は、本書の提唱する「ギグ・スタイル（クラウドソーシングの活用）」を徹底した結果、仕事の仕方と生き方が変わり、新たな道を進むことになった。そして今、その思い入れと経験を生かして企業の変革も手伝っている。ポールのアジャイル〔顧客のニーズや急速に変化する市場に、より迅速に対応すること〕で、オープンな戦略アプローチは、自社社員の知識のみに依存する時代遅れのマネジャーたちの仕事に勝る。

私もポールと同様、このアプローチの賛同者だ。私自身も、ギグワーカーとつながるツールを活用して複数の企業を立ち上げ、既存企業と競争してきた。資金的にそうせざるを得なかった状況もあったが、フリーランサーを雇ったおかげでオールドファッションな競合他社よりも小回りが利き、効率的な企業になれた。私の広告会社、ビクターズ・アンド・スポイルズ（V&S）は社員は25人だが、７０００件以上の制作物をフリーランサーに発注した。その結果、企業にありがちな保守主義に縛られずに、迅速かつ強力な解決法を見いだすことができた。フリーランサーを起用して顧客企業にサービスを提供していた私は、ポールと出会って、彼が同じアプローチで自分の仕事をしていると気づくやいなや意気投合した。

ギグエコノミーは、みんなが自分のキャリアの道筋を自分で切り開く起業家である、という考え方の上に成り立っている。ポールはそれを心得ている。彼はビッグテック［巨大ＩＴ企業］出身だが、野心的な小規模事業者の精神を持っているのだ。自分で問題を解決し、独自の考えを持ち、緊迫感とスピード感を持って仕事を遂行していく起業家を理想としている。本書では、そんなギグエコノミーを巧みに利用する秘訣をポールが明かす。起業家は、制約ではなく可能性に目を向ける。彼自身もその実践者だ。

そうした視点を持つことの効果は広範囲に及ぶ。考え方を変えてクラウドソーシングを活用し、フリーランスのエキスパートやギグワーカーの幅広いネットワークを構築すると、仕事に喜びが戻ってくる。話している暇があったら動くのが起業家だ。そういう人たちと仕事をしていると自分も活性化され、自分のエネルギーや情熱を再発見できるのだ。

これは世代の問題でもある。目下社会に進出中のミレニアル世代［１９８０年代から２００

0年代初頭までに生まれた世代、すなわち、20代前半〜30代後半くらいの人を指す」は、テクノロジーの民主化、デジタルでつながった世界で育ってきた。そのため、親や祖父母世代が勤めていたような、指揮命令で管理される職場環境で働きたがらない。彼らは、あくまで成果と仕事の遂行を重視し、会議に時間を費やしたり流れ作業に組み込まれたりするのを嫌がる。だが、協力し合って大きな問題を解決するようなチーム作業は好む。

ポールは、1日100行のコードを書く社内プログラマーの仕事を取り上げ、そっくりそのまま外注しようと提案しているのではない。外注が真にメリットを発揮するのは、例えばAIを使って1日1000万行のコードを書く方法を考えたフリーランスのエキスパートを起用するような場合だ。それなら爆発的に成果が上がる。さらに、社内プログラマーがこのようなフリーランサー10人と連携して仕事をしたらどうなるか、想像してみよう。

あなたが企業経営者、あるいはCEOの立場で本書を手にしているなら、ギグエコノミーを活用するための新たな枠組みとシステムを築かない手はない。一方、それによって自らの存在が脅かされると感じる人もいるだろう。だが、もしあなたが、デジタル時代をどうにかアナログシステムで乗り切ろうとする組織で、毎日加速するランニングマシーンに乗せられているような状況ならば、ギグエコノミーはあなたの人生と仕事を取り戻す手段となり得る。テクノロジーの進歩が加速するにつれ、どの業界でも、一人一人の仕事量が増えている。任された仕事量があまりに多く、フリーランスへの転身を余儀なくされる人もいるはずだ。ポールが本書で伝授するスキルを身につけた人は、オープンシステムやオープンツールの世界で成功できるだろう。

本書『ギグ・マインドセット』は、そんな世界の風景を見せてくれる。そこには、起業家たちが一般的な「キャリアコース」をたどらず、オープンイノベーションの力によって自ら道を切り開いていく、あなたの未来がある。そんな世界に身を置いて久しい私が、ぜひともあなたに知ってほしいのは、今ではわれわれのすべてのシステムから摩擦が取り除かれ、さまざまな業界が依存していたアナログシステムの制約に縛られなくなったということだ。もう、雇用した従業員の知識のみに依存しなくてよいのである。デジタル時代によって、われわれは恐ろしいほどの豊かさと、機会とツールを手にした。しかし、それらを最大限に活用するには、ポール・エステスの書いた本書のような手引書が必要だ。

ジョン・ウィンザー（オープン・アッセンブリー社CEO）

GIG MINDSET ギグ・マインドセット 副業時代の人材活用◎目次

［ ］は訳注を表す。
番号ルビは脚注があることを表す。

献辞

君が人を人として、親切に扱うと信じている。最終的に価値を持つのは、少なくとも現時点では、人のスキルと能力だ。将来も、人の仕事の評価や配分が、正直で客観的に行われることを願う。

私の世代は、人工知能のアルゴリズムをなかなか素直に受け入れられない。だが孫たちの世代は、もはや受け入れざるを得ないだろう。君は、ディスラプションの最先端に立つことを選んだ――あるいはそれを担う者として選ばれた。私は、誠実さと品性が君を導くと信じている。

――ジョン・エステス（父）

はじめに

「職業とは、毎週の給料を家庭に持ち帰るための仕事ではない。職業とは、あなたが地上に使わされた使命であり、激しい情熱と気迫をもって行ううちに、崇高な天職となるような仕事である」

――フィンセント・ファン・ゴッホ

2015年のある寒い朝、僕は上司からコーヒーに誘われた。二人で手短に話すことはしょっちゅうあったが、外にコーヒーを飲みに行くなど初めてのことだった。これは何かある。

実は上司とは、ここしばらくうまくいっていなかったし、事業全体としても深刻な課題をいくつも抱えていた。職場の文化は不健全で、このままでは有害なレベルに悪化するのは目に見えていた。前進する明確な道筋はなく、チームは混迷していた。

こんなところでは誰も本領を発揮できない。意見がかみ合わない上司と僕のぎくしゃくした関係が、チームに余計なプレッシャーを与えていた。彼はエンジニア畑、僕はビジネス畑の人間だ。上司は、機能をあといくつか加えさえすればスケール［生産規模や事業規模の拡大］できると考えていたが、僕はビジネスのアプローチを抜本的に変えるべきだと考えていた。

上司と僕は、最初から衝突が絶えなかった。機能をつけ加えておしまいにしたい彼と、利用時間と利用者数に歯止めをかけている本質的な事業課題をどうにかすべきと考える僕。僕がチームをある方向に進ませると、彼が怒鳴り声でひっくり返すという日々だった。僕は一緒にやっていけないとわかっていた。彼もわかっていた。そんな状態のまま、毎日、最終目標に向かって共に働いていたのだ。だから僕は、このコーヒーはオリーブの枝［和解の申し出］なのかもと本気で思っていた。これを機に立ち直って、会社の目標に集中し、ワンチームとして働こうという話だろうと。

飲みものを注文して席に座ると、上司がさらりと言った。「これではうまくいかない。3カ月以内に新しいポジションを見つけろ」

僕は、どのくらいショックで固まっていたかわからない。ビッグテックでのポジションを解かれた瞬間だった。もちろん社内で別の仕事に就くことは可能であり、これで試合終了ではないが、自信を打ち砕く一撃をくらったのは確かだ。

痛手がことのほか大きかったのは、この週が最高の週になるはずだったからだ。数日で長女が生まれる予定だったのだ。僕の家族にとってバラ色のひと時になるはずであったことを、上司は知っていた。これが企業社会の無情というものだ。

それでおしまいだった。僕のキャリアはコーヒーが冷める間もなく終わった。いったい何が起きたんだ？　「3カ月以内に新しいポジションを見つけろ」。耳馴染みのないあのひと言が、瀬戸物屋に迷い込んだ牛のように、僕の頭の中で暴れまわった。

僕が常に完璧な社員でなかったことは真っ先に認める。だが、堅実な実績を積んできた。仕事に多くの時間を費やし、社員そして貢献者として認められるよう努めてきた。与えられた仕事はきちんとこなし、勤勉な仕事ぶりと成果物を褒めてもらっていた。仕事のやり方をめぐって上司とやり合うことはあったが、ＩＴ企業で15年働いてきた僕に、まさかこんなことが起こるとは思ってもみなかった。

僕は動転した。こんなはずではなかった。これは、僕がずっと思い描いていた道ではない。とはいえ、なぜ僕は、これが唯一の道と思っていたのだろう？

会社員

僕の家は、３代続くサラリーマン家庭だ。祖父は第二次世界大戦中、米陸軍の訓練担当軍曹を務めた。外地から帰還した後は、保険のセールスをした。毎日出社して勤勉に働き、会社と社会的契約を結んだ。そして退職後は、その保険会社から年金を、陸軍からは何種類かの手当を受け取った。

父はＦＢＩに勤めた後、民間企業に移った。シェル石油の警備の仕事に就いて、地道に出世を重ね、部門全体の責任者にまで上り詰めた。父もまた、長年にわたって勤勉に働き、退職した際には年金が待っていた。

僕たちの年代はみな、そういうものだと思わされて育った。毎日出社して勤勉に働けば、生涯その職を保持でき、退職したら手当がもらえる。そして会社はただの働く場所ではなく、人生の一部だと。社員は会社とともに成長し、昇格し、活躍の機会を与えられるものだと。僕はそんな雇用モデルを前提に生きていた。それを基盤とした人生設計を立てていた。僕はサラリーマン人生を求めていた。

いい大学に入るために、高校では一生懸命勉強し、優等生とはいわないがそこそこの成績をおさめた。学業成績が足りない分は人生経験で補った。競泳選手、ラジオＤＪ、生徒会長などをした。そして、目指す業種での就職の可能性を高めようと大学院にも行った。その分野に就職した僕は、こつこつ働いて出世の階段を上っていくつもりだった。

実践で学べ。僕はそう教えられて育ち、実際にそのようにした。それが、雇用を保障してもらうための、自分が知る限り最も確実な道だった。僕はそれから15年間を、その信条どおりに生きた。

僕は、試行と学習を繰り返すスタイルで仕事をし、父が教えてくれた王道を歩んでいると安心していた。

上司に宣告されたとき、心の奥で娘のことがとても気になった。僕はただ、あと数日で生まれてくるわが娘に世界を与えたかった。父が僕たち家族にしてくれたように、娘を養ってやりたかった。

だから、まもなく「元」上司となる彼に向かい合った僕は、自分の生活基盤が崩れ落ちる感覚に襲われた。40歳を目前に、まもなく父親になるというのに、人生計画が粉々に砕かれたのだ。

ショックから立ち直るのに数日かかった。そして、この自分史上、屈指のどん底状態のときに、妻が自分史上屈指の喜びをもたらしてくれた。

数日後に娘が生まれたのだ。この子は、まさに授かりものであり、すばらしい奇跡であり、僕の頭の中の優先順位をすべてリセットした。将来に対する意気込みと恐怖を同時に味わった。病室に妻と生まれたばかりの赤ん坊と3人でいるあの気持ちに、このままずっと浸っていたいと思った。でも現実がひしひしと迫ってきて、不安感を連れてくる。僕はその夜、妻と赤ん坊が寝ているあいだ、新鮮な空気を吸いに散歩に出た。

これからどうするか？　新しい会社を見つけて、忠誠を誓い、出世階段を上り直すのか？　だがその道には、もはや安心も安全もないと思った。僕は夜の冷気の中に立ち、ここ数日で起きたことを理解しようとした。

そのときわいてきたのは、新しい当事者意識だった。それまでは、よい仕事をするため、次の昇格の機会を狙うため、割けるだけの時間を割いてこつこつ働くために、多大なエネルギーを費やしてきた。でも突然、時間ができた。余裕もできた。そして、自己改革をし、自分の道を自分で計画する自主性も生まれた。問題は、この機会をどう利用すべきかだ。

このとき、家族が増えることを考えた僕は、自分自身のストーリーを見いだす新たな旅に出た。娘がこの世に生を受けた瞬間に、すべてが変わったのだ。家族は僕のすべてであり、家庭生活が僕の関心事の中心となった。自分の持つスキル、自分の携わる仕事、自分の稼ぐ生活費は、すべて周辺要素だ。これからは安心・安定が得られるだけでなく、自分とスキルを生かしてキャリアと成長を続けられるような道を見つけなければならないと思った。

それには以前持っていた意識と決別する必要があった。安全で確実な道を会社に用意してもらうという考えはもうやめだ。自分の道筋を自分で立て、常識を疑い、自分の働き方を根本的に変える時がきた。

新たな道筋を築く

それから3カ月間、僕はさまざまな選択肢を検討した。まず行ったことの一つは、キャリアコーチを雇ったことだ。

少し脇道にそれるが、なぜもっと多くの人がキャリアコーチを雇わないのか不思議に思う。みな、病気になれば医者に、法的トラブルが生じれば弁護士に相談する。あなたを最適なキャリアに導いてくれるサービスが存在するのに、なぜもっと多くの人が活用しないのだろう。

僕の（二人の）キャリアコーチは、旅路の案内人として驚くほど助けになった。道を突き進むための自信と確信を与えてくれた。

選択肢検討の話に戻る。一つは、既に持っていたスキルをよそで応用するという考え。大企業にもスタートアップ企業にも面接に行き、数社から採用オファーをもらった。とても魅力的な選択肢だったが、また数年後に同じことが起きない保証はない。

また、自己資金を投じて起業する手もあった。起業家として活躍する友人たちは、いつも新しいベンチャーにわくわくしていた。明確な目的を持ち、成功するために超人的な努力をする彼らの姿はまぶしかった。

そのしばらく前の2014年2月、マイクロソフトはサティア・ナデラをCEOに迎えていた。彼はマイクロソフトに新たなすばらしい活力と考えをもたらし、組織文化が変わっていったのが感じられた。それを受けて、僕はこの会社に踏みとどまってみようと思った。ただ、どうにか急いで前職とは別のポジションを探す必要があった。

そしてまもなく、チーフ・オブ・スタッフ【重役の上級レベルの補佐】という職を求めてある重役の面接を受けた。この仕事が本当に欲しいと思った僕は、結局、安定性を求めていただけでなく、無意識に、意識を変えたくない、現状を維持したいと思っていたようだ。

マイクロソフトでは、その後も山あり谷ありだったが、それにはもっともな理由がある。僕はいつも、自分が価値を提供できるようなポジションに身を置くよう努めていた。革新的な役割、そしてしばしば曖昧な役割を担っていたが、会社は絶え間なく変化していた。柔軟な立場にあったおかげで輝くことができた一方、僕の人事考課は一定ではなかった。

面接のとき、重役にこう言ったのを覚えている。「良い評価や人事考課を得るために毎日を生きる人材を求めておられるなら、私は不適格でしょう。ですが、懸命に働き、リスクをとり、職場に活力をもたらす人材をお探しなら、すぐにでも始めさせてください」。

結果、採用になったのだが、ＩＴ業界はもともと不安定な業界だ。毎日流れてくるニュースごとにイノベーションが行われ、ビッグテック企業でさえも激しい市場競争と顧客のニーズに応じるべく、絶え間ない変化と再編を強いられる。この業界に長くいるうちにかなり慣れっこになっていたが、これから自分がどうなるのかについては、いつも不確かだった。

この世に完璧な仕事などないだろうが、僕は自分がどんな人生を送りたいかはわかっていた。チャレンジングで心躍るようなキャリアを求めていた。自社と業界に価値と成果をもたらしたかった。そして何より、家族を養い、家族とともに歩んでいく必要があった。

また、子どもたちが社会人になったとき、よきアドバイスができる自分でいたかった。自分の父や祖父が歩んだ道を、娘たちにまで歩めとは言いたくない。彼女たちはいつか、進化を遂げたハイブリッドな未来型の人材とは何か、を理解する必要がある。有用な人材であり続けるために、新しいスキルを習得する時間をどうやってつくるか、といったことを知る必要が出てくるだろう。そうした道の進み方を教えるためには、まず僕自身が学ばなければならない。

なぜ行き詰まりを感じるのか

本書を手にしているあなたは、おそらく僕と同じような経験をしたのではないだろうか。

安心感が得られない。テクノロジーの発達があまりにも速く、絶え間ないディスラプション［新しいテクノロジーによって、既存産業や市場が根本から覆され、新しいビジネスに生まれ変わる現象］についていけない。自分がこの先ずっと有用で、必要とされ続けるか、そして、居場所を確保していけるかどうか不安だ。これからを生きるには、別のやり方があるはずだ。

毎日8～9時間働いているが生産性は最低。意味のない会議、新しいスキルに関する調べもの、面倒な検索の合間を縫っての仕事は、最低ノルマをこなすかこなさないか程度しかできない。このパターンから抜け出して成長するにはどうすればいいのか。そんなふうに悩むのはあなただけではない。

- 有給休暇を使い切るアメリカ人は、わずか28パーセント。[2]
- 24パーセントのアメリカ人が、時間がなくて読書をしていない。[3]
- アメリカ人の週平均労働時間は47時間で、自己申告による平均睡眠時間は6時間半。[4]
- 60パーセントのアメリカ人が、時間がなくてやりたいことができていない。[5]

あなたがもっと成長でき、自分の時間を取り戻し、別の方法でキャリアに取り組める新しい道はある。「ギグ・スタイル（クラウドソーシングの活用）」を習得することで、それはかなうのだ。われわれは、もっとしっかりと将来に備える必要がある。寿命も労働時間も長くなり、身の回りではさまざまな業界が栄枯盛衰を繰り返している。

僕はかつて、仕事か家庭のどちらかを選択しなければならないと思っていたが、実際そうせずに済んだ。そんなのは間違っている。仕事は大好きだし、大きな問題を解決し、すばらしい成果をもたらすことにやり甲斐を感じる。ただ、以前の仕事の仕方ではいろいろと制約が多く、職場と家庭両方の目標を達成するのは無理だった。例えば職場では、年度の初めから予算が確定しているので、必要なエキスパートを雇うことができなかった。しかしクラウドソーシングを活用して仕事をすれば、毎晩自宅で夕食を食べ、毎朝子どもたちにパンケーキを作ってやれる（厳密には、毎朝パンケーキではない。バランスのとれた朝食の大切さを理解しているので）。ギグ・スタイルは、仕事も家庭もという欲張りが可能になる、いまだかつてない仕事の仕方なのだ。

そのためには、古い考え方を捨てる必要がある。もはや会社員として生きるという考えは、われわれの親世代のときと同じようにはいかない。今のわれわれは、時代に応じて生き方を進化させなければならない。

足元では大地が変動している。毎日のように新しいテクノロジーが登場する中で、自分のスキルを向上させ、常に新しいツールを使いこなせるようにしておく必要がある。それは、新しいソフトやアプリが使えるという意味だけではなく、クラウドソーシングを活用して生活を回す感覚を身につけ、これからの仕事に備えて頭の筋トレをする必要があるということだ。それには物事を計画したり、コミュニケーションをとったり、人に仕事を任せたりする能力も、最新のプログラムに関する知識と同じくらい重要なのだ。

誰しも深刻な行き詰まりや、過労、ストレスに苛まれることはままある。僕自身も経験者なのでよくわかる。まず、そうした悩みを抱えるのは自分だけではないと知ることが重要だ。上に這い上がろうとする末端の社員も、競争や顧客への価値提供に腐心する幹部も、みな、職の安定を確保するために有用であり続けたいと思っている。成長し成功するために、会社に価値を提供したい、家族やコミュニティのために手柄を立てたい、と願っている。

理想論を語るのは簡単だが、実践するにはいったいどうすればよいのか。

それを伝授するのが本書である。僕がその過程を段階ごとに手引きしよう。僕自身が、どのような経緯でこの新しい生き方・働き方を受け入れるに至ったか、それによって人生がどう変わり、その結果新しいプロジェクトを始めて、自分のスキルを最新に保つ方策をとるようになったかを説明する。また、あなたが僕の二の舞を演じないよう、苦労話も披露する。そしてさまざまな分野のリーダーたちがどのようにギグ・スタイルを実践したかも紹介する。

だが、最も重要なのは、このスタイルを自分のものにするために、あなた自身が何をすればよいのかを知ってもらうことだ。

経験知

本書を読み進めるにあたって常に念頭に置いてほしいのが、あなたは一人ではないということだ。誰もが、変化を続ける職場の状況に影響される。

イーベイ［世界最大のオークションサイト］で見知らぬ人から服を買うことがとんでもないことに映ったのはそう昔ではない。だが今や、あなたのおばあさんまでもがインスタグラムのアカウントを持ったり、オフィスでのランチをポストメイツ［ウーバーイーツと同様のデリバリーサービス。料理以外の集荷・配達も請け負う］に頼んだり、ウーバーやリフトの相乗りサービスを利用したりする時代だ。見知らぬ人の車に乗り、見知らぬ人の家に泊まり、あらゆる仕事を見知らぬ人に依頼するようになった。ギグエコノミーが構造を変えたのだ。

本書の提唱するギグ・スタイルは、そうした変化に対応するための手法である。これを実践することで、変わりゆく世界に変化を強いられたり、ともすれば後れをとったりせずに、世界とともに成長・進化を遂げられるだろう。

だが、僕一人の言葉を信じろとは言わない。本書では、あなたのギグ・スタイルへの旅路の案内役として、CEOやビジネスリーダーからなるアドバイザーチームを結成し、彼らの貴重な体験や専門知識を寄せてもらった。あなたが本書で学ぶツールやテクニックを使って仕事をする、各分野のリーダーたちだ。ギグ・スタイルは、より多くの仕事をこなし、よりよい成果を得、より多くの人々の生活を変えることを可能にするのだ。

では、チームのエキスパートたちを紹介しよう。

スティーブ・レイダーは、現在、NASAのセンター・オブ・エクセレンス・フォー・コラボレーティブ・イノベーション（略称CoECI。協働イノベーション研究拠点）の副所長を務めている。同センターはNASAと連邦政府全体に、コンテストやクラウドソーシングを使ったイノベーション手法を導入している。彼らが研究したり利用したりする専用のクラウドソーシング・コミュニティでは、賞金付きのコンテストが開催される。NASAと米国政府にイノベーティブなソリューションをもたらすための取り組みである。

スティーブはこれまで、100件以上のコンテストを実施し、さまざまなプロジェクトや組織に携わってきた。オープンイノベーションツールの利用を促進すべく、クラウドソーシングのコンテストでのNASAの取り組みと将来の展望について、一般とNASA内部の両方で頻繁に講演している。

スティーブはライス大学で機械工学の学位を取得し、NASAのジョンソン宇宙センターに30年間勤務した。CoECIに入る前は、飛行管制、スペースシャトルと国際宇宙ステーションの飛行ソフトウェアの開発、X-38〔宇宙ステーション乗員緊急帰還機〕の指令管制システムの開発に従事し、NASAのコンステレーション計画〔2010年に中止された有人宇宙機計画〕では、指揮・統制・通信・情報本部（C3I）によるアーキテクチャ定義〔システムの骨格・作り方を定めること〕を指揮した。

マイク・モリスは、世界最大のフリーランス人材プラットフォームであるトップコーダーのCEOだ。デザイン、ソフトウェア開発、データサイエンス分野のエキスパートが140万人登録しているトップコーダーは、コンテスト形式のクラウドソーシングを行い、企業のソフトウェアイノベーションにディスラプションを起こした。マイクはITサービス企業ウィプロ〔インドのIT大手。2016年にトップコーダーの親会社であるアピリオを買収した〕のクラウドソーシング部門のグローバルヘッドも務める。2002年より携わってきたトップコーダーの運営は、彼にとって家族（そしてもしかしたら、水上スキー）の次に大事なコミットメントだ。

ボストンカレッジの同窓会活動に活発で、根っからのエンジニアであるマイクは、トップコーダーを通じて、組織にソフトウェア開発の限りない可能性と、世界中から集まる才能ある技術者への前代未聞のアクセスを提供し、クラウドソーシング革命をリードし続けている。また、ギグエコノミーのエキスパートとして世界中で講演を行っている。熱心な技術者のコミュニティを育て、あらゆる業界でデジタルアセット［資産としての価値があるデジタルデータ］開発の変容的な性質を活用しようと提言している。

ダイアン・フィンクハウゼンは、ゼネラル・エレクトリック（ＧＥ）の専門家市場の手法を活用し、顧客の課題解決のスピードとパフォーマンスを向上させるオープンイノベーション・イニシアティブ、ジニアスリンクグループの責任者だ。

ジニアスリンク・エキスパート運用システムは、必要なときに必要な分野の専門知識を提供する。２１００万人のエキスパートがネットワークに登録し、延べ60億ドル（約６３００億円）のビジネスインパクトを生み出してきた同グループは、より適切な労働分担と知的オートメーションによって仕事の最適化を図る。

ダイアンは、この役職に就く前は、ＧＥの資産最適化マーケティングの責任者を務め、GE Predix［インダストリアル・インターネットのアプリケーション開発プラットフォーム］ブランドの立ち上げや、グローバル・アドバンスド・マニュファクチャリング［国際的高度製造技術］の戦略的枠組みの開発、GE Predix™ Industrial 上でユーザー企業がインターネットアプリケーションやサービスを開発するための講習などに携わった。
GEに永年勤続するベテラン社員、そして社内起業家であり、今後の方向性を示すソートリーダー（思想的指導者）でもあるダイアンは、さまざまな事業部でマーケティングや経営管理の上級管理職を歴任。グローバル戦略やビジネスモデルイノベーションを実行し、画期的な業績を上げてきた。

タッカー・マックスは、スクライブ・メディアの共同創業者。そして『ニューヨークタイムズ』紙のベストセラー書籍（うち3冊が第1位）を執筆し、世界中で累計450万部以上を売り上げた。スクライブ・メディアは、人の頭の中にあるアイデアを、その人に執筆させることなく、いかに本にするかという問題解決のために設立された。彼は出版印刷機械に関する知識を使って、著者と非常に才能に富んだライターをマッチングする会社をつくった。
タッカー自身は、同時に3冊の著書が『ニューヨークタイムズ』紙のノンフィクションのベストセラーリストに載った著者として（マルコム・グラッドウェル、マイケル・ルイスに続き）史上3人目だ。また2009年には『タイム』誌が選ぶ「世界で最も影響力のある100人」に選ばれている。現在は妻のベロニカと三人の子どもたちとともに、テキサス州オースティンに住む。

ジョン・ウィンザーは、起業家、ソートリーダーであり、これからの働き方やギグエコノミー、オープンイノベーション、クラウドソーシングに関する世界的権威だ。彼が著作や講演、自らが経営する企業で提唱する考えは、イノベーション、ディスラプション、ストーリーテリング〔体験談を語って商品やサービスのコンセプトを伝え、顧客の心をつかむマーケティング手法〕のいずれにも有用である。

ジョンは、自らが創業したオープン形式〔社外からの技術やアイデアも積極的に起用する戦略〕の広告代理店、ビクターズ・アンド・スポイルズ（V＆S）が2012年にハヴァス社に買収された際に、同社のグローバル最高イノベーション責任者に就任した。V＆Sを創業する前は、クリスピン・ポーター＋ボガスキーの上級副社長兼、戦略・イノベーション部長を務め、広告業界に初めて共創を取り入れた。

ジョンは現在、ハーバード・ビジネス・スクールのハーバード・イノベーション・サイエンス研究所（LISH）の客員エグゼクティブ、そして、オープン・アッセンブリー社の創業者兼CEOを務める。同社は未来の働き方を共創すべく、組織や人、プラットフォームにコンテンツと、コミュニティ、戦略アドバイスを提供している。

ジョンの著書には、『Beyond the Brand（ブランドを超えて）』『Spark（ひらめき）』『Flipped（ボトムアップ）』があり、ベストセラーの『Baked In（想いの込められた商品）』は、

2009年に800-CEO-READ社主催ビジネス・ブック・アワードのマーケティング部門で1位に選ばれた。またジョンは、ハーバード・ビジネス・スクールのデジタル・イニシアティブの顧問を務め、『ハーバード・ビジネス・レビュー』誌、『ガーディアン』紙、『フォーブス』誌、『ディジデイ』誌に定期的に寄稿している。

これからの道のり

以上、僕と一緒にあなたを案内する人々を紹介したが、一つだけぜひとも明確にしておきたいことがある。それは、ギグ・スタイルはあなた自身の努力がなければ成功しないということだ。

本書では、ギグエコノミーと、それによって人々の働き方がどのように様変わりしたかを学んでもらう。フリーランサーを起用して自分の時間と能力を拡大するメリットを概説する。そして、本書で紹介する手法が――日々のタスクから企業のプロジェクトまで――どのように僕やエキスパートアドバイザーたちの生活を変えたかを、体験者の目線で紹介する。さらに最も重要なこととして、あなたがこの仕事の仕方をスタートさせ、継続し、変えていく枠組みの作り方を伝授する。

僕は過去数年をこのスタイルで生きてみて、プライベートと仕事がどうなるかを試してきた。簡単かといえば、そうとはいえない。価値あることは簡単にはできないものだ。

本書は、手っ取り早い解決策を示すものではない。8分腹筋トレーニングとは違う。ギグ・スタイルには、ダイエットやエクササイズと同様、忍耐と決意が必要だ。毎日行わなければならない情報把握や活動がある。何より、状況を変えたいと思う気持ちがなければできない。あなた自身がよりよい生活を望んでいることが大事だ。

僕は朝起きると、古い考えから抜け出せない人たちをどう助けようかと考える。なぜこんなに難しいのかと。そしてオバマ大統領が机に飾っていた額縁を思い出すのだ。そこには「Hard things are hard（難しいことはやるのが難しい）」というシンプルな言葉が書かれていた。

ギグ・スタイルには訓練が必要だ。どんなスキルでもそうだが、最初は小さく始め、時間をかけてレベルを上げていかなければならない。仮にこれが減量とエクササイズの本ならば、いきなりマラソンかクロスフィット［日常生活の動作をベースにしたさまざまな運動を高強度・短時間で行うトレーニングプログラム］競技から始めろとは言わないだろう。

やり甲斐のあることは、なんでも努力が必要だ。そして人間にとって取り組むのが最も難しいのが、変わることである。われわれは本質的に変化を嫌い、現状に甘んじて心地よい状態を好む生きものなのだ。保守的な姿勢を固持することで危険から身を守り、原始時代を生き延びてきたのだが、現代ではその性質が足かせとなっている。だが、時間と訓練が必要だからといってやる気をなくさないでほしい。僕は、数年かけてやっと、何が正しく何が間違っているのかに気づいた。そして後章に登場してもらうすばらしいソートリーダーたちも、この問題への独自の対処法を教えてくれている。

本書を手にしているあなたは、「難しい仕事はやるのが難しい」ことを既にわかっているはずだ。それでも、仕事と家庭生活のほどよいバランスをとるための余裕を求めているのだと思う。やりたい――あるいはやらなければならない――タスクが増える一方で、うまくやりこなす方法が見つかっていないのではないだろうか。本書を最後まで読めば、新しい生き方と仕事の仕方を学んでもらえるはずだ。

まずは、どうやって今の泥沼にはまってしまったのかを把握するところから始めよう。

流砂の上に立つ

1

「どうして、破産したんだい？」

「二通りあるんだ……徐々にと、それから、急速に」

――アーネスト・ヘミングウェイ著『日はまた昇る』

ビデオエディターをしているケンは、問題を抱えていた。彼はこの仕事を長年していて、とても才能があり絶好調だった。ソフトウェアの扱い方も、高品質の作品に仕上げるための正確な所要時間も、仕事で抜きん出る方法も心得ていた。問題は、作業量、そして自身の完璧主義である。どうがんばっても、月に5～6本のビデオを制作するのが限度だった。

この手の――すなわちスケーリング【生産規模の拡大】に関する悩みは、誰もが一度や二度は経験しているはずだ。このままのペースだとこなせる仕事量には限界がある。長年の試行錯誤で彼なりに効率性を上げてはいたが、まだ十分とはいえない。ケンは、ある画期的なトレーニングビデオを手がけたことがあった。さまざまなウェブサイトで見かけられる、短編のソーシャルビデオ【企業が流す動画】だ。この動画によるトレーニングは、従来的な方法よりもはるかに人を引きつけ、需要が急増した。ケンは、自らの才能と成功によって、さらなる工夫と立て直しを強いられたのだ。

こうした仕事は減量に似ていて、開始当初は体重がどんどん落ちていくが、やがて停滞期に入り、体重計の数字が変わらなくなる。食事制限や運動をきちんと続けていてもだ。ケンは、仕事でこの停滞期にぶつかり、このままでやっていけるのか心配になっていた。

営業、編集、エンジニアリング、管理職など、どんな職業であれ、新しい動向やツールについていかなければならない。腕を磨き競争力を維持するために、絶えず新しいスキルを習得していければよいが、そんなに時間がある人はいない。だらだらと続く会議、日常業務、家庭での余暇。それだけでいっぱいいっぱいの日々ではないだろうか。

そんなふうに、誰もが流砂の上に立っているのだ。地面の下では、地盤の変動が起きている。そして、なんとか昔のやり方を維持しようともがけばもがくほど、深みにはまっていくだろう。今、本書を手にしているあなたは、選択を迫られている。自分が社会にとって無用な存在になるまで待つのか、それとも進化して生き残るのか？

ディスラプション

「方向転換をしなければ、その方角のどこかにたどり着くまでだ」

――老子

ギグエコノミーは、いきなり世界を変えた。確立されたモデルを破壊《ディスラプト》し、古いビジネスのやり方をひっくり返した。『メリアム・ウェブスター辞典』は、「ギグエコノミー」を「企業が恒常的にフリーランサーや非正規労働者を短期契約で起用する自由市場システム」と定義している。前の世代の人々は、一度仕事を見つけると何十年も勤続したが、現代では多くの労働者が職を転々とし、単発で請け負う「サイドハッスル［副業］」で副収入を得ている。

初代のｉＰｈｏｎｅが起こしたディスラプションを思い出してみよう。ｉＰｈｏｎｅが発売される前の週まで、携帯電話の機能といえば電話の送受信や簡単な計算、限られた留守電機能くらいだった。カーナビは別の端末だったし、他のメディアはもちろん、音楽が入れられる携帯電話も少数だった。そんな中、これらのニーズとプラスアルファをカバーしてくれるポケット端末が、一夜にして登場したのだ。

今では当たり前となってしまったが、「ポケットにインターネット」がすべてを変えた。手のひらで無限の情報にアクセスし、文字どおり何百万種類のアプリが使えるようになった。ディスラプションとは、そういうことだ。ウーバーが公共交通機関の使い方を変えたのもディスラプション。アレクサが世界にＡＩアシスタントを紹介したのもディスラプションだ。これらのものは、われわれのノーマルを塗り替え、われわれのテクノロジーとのつき合い方を変えた。

ギグエコノミーも、古いシステムをよい意味で破壊《ディスラプト》している。ディスラプションは、ビジネスの自然の過程なのだ。われわれは今、未曽有の時代を生きているが、そこから恩恵を受けることは可能だ。最大の変化、そして課題の一つが、欲しいものが欲しいときに欲しいだけ、すぐ手に入るようになったことだ。映画が見たければ、瞬時に何万ものタイトルに手が届く。足が必要なら、５分以内にドライバーが現れる。

対象は食べものや商品だけではない。ギグエコノミーによって、エキスパートやサービスを も、必要なときに、必要なだけ、すぐ利用できるようになった。クラリティfmをはじめとするサイトは、ワンタッチで人々をさまざまな分野のエキスパートにつないでくれる。ファイバー（Fiverr）は、従業員を雇うコストの何分の一かで、オンラインアシスタントを利用できるプラットフォームだ。アップワークは、何百万人もの才能あるフリーランサーのネットワークで、そのスキルや職種は何百種類に及ぶ。こうした新しい企業がイノベーションを推進する一方、老舗企業もすばやく変化についてくるようになった。それについては後章でも説明する。

存続するには、また繁栄するにも、変化を受け入れる必要がある。しかし、「はじめに」で述べたとおり変化するのは難しい。なかなか思うようにいかない。それはよくわかる。僕が、地盤の変動を感じたときは、父の教えに反し、とっさにもがいて抵抗しようとした。それをしてしまうと、さらに古い習慣や経験に足を取られて深みにはまっていく。

そういうときにがむしゃらになり、週に80時間以上働いたりすれば、失業のリスクはある程度減るかもしれない。だが、それが負の前例をつくってしまい、やがてついていけなくなる。仮にその生産量を継続できたとしても、あなたはそれを望むだろうか？　家族や友だち、趣味に使う余暇はどうなる？　死に物狂いで働くよりも、働き方を刷新し、変える必要がある。ただ余計に働くのではなく、環境の変化に適応するようにすれば、必要な余暇をつくることができる。誰にも、時間があったらやろうと思いつつ手つかずになっているＤＩＹなどがあるはずだ。自分の時間ができれば、着手できるだろう。

ギグエコノミー

２０１９年、「ギグエコノミー」という言葉がついに『メリアム・ウェブスター辞典』に載った。ギグエコノミーの影響は身の周りの至るところで感じられる。小規模事業者やギグエコノミーに関する情報サイトSmall Business Labsの記事に、以下のような事実が述べられている。

- アメリカの労働人口の36パーセントが、本業あるいは副業でギグエコノミーに参加している。[6]
- アメリカの全労働者の29パーセントが、本業が交代制勤務である。[7]
- フルタイム勤務の企業幹部の63パーセントが、機会があれば、独立業務請負人〔業務単位の請負契約を結び、期限つきで専門性の高い仕事を行う個人事業主〕になってもよいと考えている。[8]
- アメリカの労働人口のほぼ40パーセントが、４割以上の収入をギグワークで得ている。
- ギグワーカー〔インターネットを通じて単発で仕事を請け負って働く人〕の75パーセント以上が、

フリーランスの仕事を辞めてフルタイムの仕事に就こうとは思わないという。[9]

●コンティンジェントワーカー［ここでは、専門性の高い職種において業務単位で仕事を請け負うすべての非正規雇用者を指す］の55パーセントが、本業あるいはフルタイムの仕事を持っている。[10]

●フルタイムのフリーランサー、独立業務請負人、コンサルタントの37パーセントを、21〜38歳が占める。[11]

●今後5年間で、アメリカの成人労働人口の52パーセントが、独立業務請負人になるか、その経験を持つ。[12]

●少なくとも90パーセントのアメリカ人が、フリーランサー、コンサルタント、独立業務請負人として働くことに抵抗を感じていない。[13]

●従来型の労働をしながらフリーランスの仕事をした人が挙げたトップ2の理由は、「副収入を得るため」（68パーセント）と「勤務時間の柔軟性」（42パーセント）。[14]

ギグエコノミーは、最近リモートでできる仕事が増えたフリーランサーにとってはうれしい状況だ。また、従業員のためのオフィススペースや機器がいらなくなった組織にとっても朗報である。

ハリウッドの労働環境を例にとってみよう。1920年代初頭、超大手映画会社は、お抱えの脚本家や俳優、ディレクター、スタッフらを雇っていた。巨額の経費ではあったが、当時の映画界の活況を鑑みれば相応の額だった。それから時は流れ、雇用形態は大きく変わった。現在では、映画ごとに制作チームが組まれる。プロデューサーが、組合員の中から才能あるエキスパートを選び出して有期労働契約を結び、チームを結成するのだ。全員の契約が済んだら撮影に入り、契約どおりに無事終了したらチームは解散となる。そして大きな目標を達成したら、それぞれが次の制作プロジェクトに進む。

今、他の業界の大手企業も、この雇用形態に目覚め始めている。何十年と続く老舗のタクシー会社は、運営経費と利用料金の高騰に直面していた。そんな中、ウーバーという新興企業が現れ、フリーランサーを使って従来型のタクシーが抱える多くの課題を軽減した。タクシーよりも、存続可能性の高い利益率、安い利用料金が実現し、瞬時に市場の関心を集めた。ギグエコノミーによる経済の大変動は変化に対応できない、あるいは対応する気のない企業に、大きな影響を及ぼしている。1955年にフォーチュン500〔『フォーチュン』誌が、毎年売上規模に基づいて選出する米国企業500社〕に入っていた企業の9割が、市場の変化によって現在は脱落している。[15]

コンサルティングファームのイノサイトは、現在のS&P500企業の約半分が10年で脱落すると予測している。こうした移り変わりは、テクノロジーの発達と変化とディスラプションの加速が、経済に深く大きな影響をもたらしていることを物語る。

ネットフリックスはかつて、オンラインのDVDレンタルで既にディスラプションを起こしていたが、その後ストリーミング配信を始め、市場にさらなる変革をもたらした。赤い封筒でDVDが郵送されてきて、おまけに延滞料金がかからないこのサービスに消費者は満足し、それだけで生涯顧客になる価値があった。しかし、ネットフリックスは郵送でのやり取りを廃止し、コンピューターがあればどこからでも好きな映画が観られるようにした。しかも定額制だ。すばらしいではないか！　さらに数年後には、毎月オリジナル作品をリリースするようになった。ネットフリックスが、かつてのハリウッドの映画会社のように、制作準備から配信までをすべて自前でコントロールしているのだ。ネットフリックスが制作するオリジナルコンテンツは、今ではHBOやショータイムなど、ケーブルテレビの有料チャンネルすべてを合わせた数を上回る。

ギグエコノミーはまた、多くの業界を、従来なら出会うことのなかったであろう働き手に引き合わせた。例えば、トップコーダーはエンジニアやプログラマーを世界中から起用している。

こうしたクラウドソーシングサービスは、一か所の職場に縛られない新しい人材へのアクセスを提供する。後章で紹介するとおり、フリーランサーを起用すると戦力が倍増する。前述のビデオエディター、ケンが一人で1日に捻出できる作業時間は最大24時間だ。しかし毎日24時間というわけにはいかない。睡眠時間や家族との時間、そして食事時間も必要だろう。

だが、ギグエコノミーを活用すれば、生産性を劇的に上げることができるのだ。

時代に遅れない従業員

先に述べたとおり、僕はサラリーマン家系の3代目だ。しかし、世の中が大きく変わったため、今は父や祖父と同じ道を進むことも、同じ教訓に従うこともできない。テクノロジーが変化していく中、有用であり続けるために、自分なりの道を模索している。

われわれは寿命が延びた分、退職年齢もどんどん延びている。前の世代の人々は、60歳や65歳まで有用でいる必要があったが、今のわれわれは、70代まで価値を提供し続けられるよう準備しなければならない。

僕は失業しそうになったのを機に、会社員の道を離れ、考え方を変えることを余儀なくされた。どうしてよいかわからなかったが、もっといいやり方があるのはわかっていた。そうして自分の安全地帯を一歩踏み出したおかげで、ギグ・スタイルに出会い、起業家のような考え方ができるようになった。

事業を立ち上げる人は、アイデアやゴール、つまり、毎日働く目当てを持っていなければならない。そういう目的志向型の人のほうがおしなべて成功している。しかしながら、目的を持っていても、それを達成するためのプロセスを1から10まで熟知しているとは限らない。多芸は無芸ともいう。

優れた起業家は、最終目標に近づくためのステップごとに、異なるエキスパートを起用する。ビジョンと実践を融合させ、問題解決者であり、諦めない人が多い。そんな人間になれたら、どれだけのことが達成できるだろう？　というか、達成できないことなどあるだろうか？

4年前、僕は自分が必要とされない憂き目にあった。解雇を言い渡されたも同然の体験をした。それで目覚めたのだ。自分が主導権を握り、新しい考え方で仕事に臨む必要がある。働き方改革を行う必要がある、と。

まず、テクノロジーの進歩と、それが従来の仕事のやり方を破壊したことに目を向けた。ミレニアル世代とZ世代［1996年以降に生まれた世代］が、新しいスキルと新しい期待を持って、社会人になっていることも考えた。そして自分と自分のスキルを評価してみたところ、まずい現実に気づいた。あと15〜20年勤め、仕事で価値を提供しなければならない。時代に遅れないためには、仕事の仕方を変える必要があった。この時はまだ調査段階だったので、好奇心の赴くままに実験を始めた。

まず確実にいえるのは、あなたの職場での有用性は、あなたの会社の市場での有用性と直結しているということ。テクノロジーもビジネスも、日々さまざまな形で変化する。クラウドベースの企業が古いビジネス環境を破壊し、ＩＴ産業は新たな潮流に適応すべく転換を強いられた。

第2に考えたのは、僕は常に、自分の勤める会社に価値を提供するよう努めてきたということ。こんな古い格言がある。「仕事を愛せば、1日たりとも仕事をせずに済む」。僕は、仕事と会社にすべてを懸けていた。自分のやっていること、そしてその場所が大好きだった。その情熱はずっと変わらなかったが、そのやり場がなかった。先の事例のケンと同じく、停滞期を迎えていたのだ。出勤してみんなと同じように仕事をするだけではもう成長できない。それどころか、自分の能力に見合った成果を残せているとも思えなかった。大企業に勤めていると、いろいろと制約があり思うようにイノベーションができないと感じてしまいがちだ。僕は、『「週4時間」だけ働く。』の著者、ティモシー・フェリスが多くの小規模事業者や起業家に考え方を変えるよう感化したように、起業家的な考え方を企業環境に持ち込みたかった。

そこで考えた。どうすれば、毎日、仕事――すなわち会社と顧客の役に立つこと――を楽しみに出勤できるか？　どうすれば自分のスキルを最新に保ち続け、成果を残し、会社と顧客のために価値を創出できるか？

第3に考えたのは、娘たちのためにもがんばらねばということだ。子どもにはできるだけのことをしてやりたい。自分たちが育ったときよりもよい生活を築いてやりたい。より安全で楽な生活を。そしてもっと重要なのは、彼女たちに適切な道を示してやれる親になりたいということ。それには「サラリーマン」的な感覚で生きていてはダメだということ。そんな考え方では、有用であり続けられるとは思えなかった。

僕は社会人になってからずっとIT業界で働いてきた。極めて競争の激しい環境下で変化し続ける会社の中で、約2年ごとに新しい職務に就き、35人以上のマネジャーに関わり、数えきれない組織再編を経験した。これらの経験から、僕は娘たちにこれからのビジネスというものを教える必要があると気づいた。彼女たちが働く時代の労働人口は、フルタイムの従業員、起業家、フリーランサーが入り交じっているだろう。成功するための術を身につけさせるとすれば、僕自身がこの新しい経済を理解する必要がある。僕自身がその道のプロにならなければいけない。

未来学者アルビン・トフラーの有名な言葉がある。「21世紀における無学者とは、読み書きができない者ではなく、学んでは、それを捨て、また学び直すことができない者を指す」。新たな経済においては、学び、成長する機会を逃してはいけないのだ。

スキルの半減期

大学に入ったら、少なくとも一つのことを4年かけて学ぶ。ビデオエディターのケンの場合は、撮った映像を編集し、魅力的な作品に仕上げるためのスキルだ。つまり、アビッドや、ファイナルカット、アドビ プレミア、その他、多くのソフトウェアやツールの使い方を学んだはずだ。問題は、これらのスキルにはすべて、有効期限があることだ。

クラウドソーシング大手、アップワークのCEOステファン・カスリエルは、学んだスキルの半減期が来る、つまり、スキルの価値が初めて学んだときの半分に減るのは約5年だと言った。ステファンは世界経済フォーラムのウェブサイトに寄稿した記事[16]で、今日存在する仕事の多くは21世紀モデルに当てはまるが、その訓練とスキルは、まだ20世紀モデルを抜け出ていないと述べている。仕事やスキルが急速なペースで変化している分、スキルを最新の状態に保つ必要性も増している。労働者のリスキリング［新たなスキルを学び直すこと］に関するある白書[17]によると、成人の四人に一人が、自分のスキルと現職で必要なスキルにギャップがあると答えているそうだ。

これは、個人のスキルを使う能力が鈍るという意味ではなく、そのスキルを適用する場がなくなるということだ。わかりやすい例として、ATMが導入されてからの銀行窓口や、電話が発明されてからの電報オペレーター、トラベロシティやオービッツ、プライスラインなどの予約サイトができてからの旅行代理店窓口などが挙げられる。時間は誰のことも待たずに、絶え間なく進展する。ことにＩＴ業界ではその進み具合が激しい。学び直しを続けていかなければ、間違いなくお払い箱となる。

問題は、きっとあなたも経験済みだと思うが、学び直しの時間がないことだ。僕も、なにか外国語を学んでみたくても、そんな授業をいったいいつ受けられるのかと思う。与えられるすべての仕事のエキスパートになれたら最高だとも思うが、仕事には納期や会議がある（会議についてはまた後で議論するが、ともかく疫病のように、可能な限り回避すべきものだということは明言しておく）。

このすねの傷を誰より理解しているのがフリーランサーだ。常に次のクライアントを探し、総じて、潮流や流行にうまく乗っているからだ。彼らは一つの仕事を終えると、次のクライアントと仕事をするまでの合間時間に、学び直しができる。仕事の実践で学ぶ場合も多く、多様なクライアントと関わるので、常に新しいコンセプトや目標に取り組むことになる。

大企業に勤務するメリットはわかっている。予想のつく勤務時間、そして福利厚生などだ。だが、そうした古い形態の仕事と、新しいギグエコノミーとの相性もわかっている。自分が有用であるためには、価値を提供し続けるためには、時間を確保して学び直しをする必要がある。環境の変化を認識することは、大きなプロセスの最初の一歩だ。

学び直しが重要なのは、ホワイトカラー労働者だけではない。商業や製造業の労働者も常に学び直しが必要だ。例えば、火災報知システムの技師は、毎年、モナコ社のようなメーカーの研修に出て、ソフトウェアとハードウェアの最新情報を学ばなければならない。検針の作業員も、新しいビルで作業できるように最近のワイヤレスメーターの使い方を学ばなければならない。配管工や溶接工は、新しい道具を使うための訓練をし、安全性認定を受ける必要がある。社会が複雑化し、インターネットに接続する機器が増えるにつれ、新しいスキルや新しい考え方が必要とされているのだ。

学ぶためには余暇が必要だ。これに関しては、次の3点を念頭に置いて取り組もう。1．時間をつくるかどうかはあなた次第である。2．実際にやりながら学ぶことも可能である。3．学び直しは必須である。

1．忙しいのはみんな同じ。これは現代社会の現実というほかない。IT労働者が教育や研修を受けるのに使える時間は、週に約24分[18]だそうだ。事態をさらに複雑にしているのが、現代人の集中力の持続時間が大幅に短くなっている点だ。読むのに4分以上かかるメールは読んでもらえない。会議は、時間と労力を湯水のように使う（一方、そのメリットはどんどん少なくなっている）。学び直しの必要性を受け入れ、そのための時間をつくろう。

2. 大半の人はやりながら学んでいる。消費者としてどう生活しているかが、仕事の仕方にも影響する。われわれは、新しいものに挑戦したり試したり、他の人と協働したりする中でスキルを学ぶ場合が多い。あなたもこの1年で、同僚や友だちとのやり取りの中で、何かしらの新しい能力を身につけているのではないだろうか。そうした人とのつながりがあるからこそ、そのスキルが特別な意味を持ち、より早く学べるのだ。

3. 学び直しは必須であることを理解しよう。もはや、すべての企業がテクノロジー企業といえる。常にインターネットと共に生活し、クラウド上でコミュニケーションをとり、特定の所在地からではなくネットワークからコマンドを実行する。社会全体がそうなっているので、過去のビジョンに固執するのは無益だ。あなたは、学び、成長し、進化する必要がある。

僕がそのことに突然気づかされたのは解雇を言い渡されたときだ。幸運にも、すぐに新しいポジションに飛びつき、キャリアを立て直すことができたが、あれが新たな旅路と気づきの始まりだった。ものの見方と思考様式を変える必要性に気づいたのだ。僕の経験を参考に、新しい仕事の仕方も視野に入れてほしい。

T・I・D・E・メソッド

「余暇をつくって学べ」というのは簡単だが、実行の段取りはなかなか思い描けないかもしれない。僕が、新しい仕事の進め方の実行計画を考案したのは、まさにそのためだ。名づけて「T.I.D.E.メソッド」。T.I.D.E.とは、Taskify（タスク化する）、Identify（特定・認識する）、Delegate（委託する）、Evolve（進化する）の頭文字だ。ギグ・スタイルとこの手法を組み合わせれば、あなたの選ぶいかなる目標も、望む成果も達成できるだろう。

頭の中に目標を立てたら、あとは、次の四つの手順を踏むだけだ。

Taskify（タスク化する）：仕事をタスク単位に分解する。

Identify（特定・認識する）：自分の手でやらなければならない作業、不要な作業、後回しにする作業、人に任せる作業を特定・認識する。

Delegate（委託する）：適切なエキスパートを見つけ、何をしてほしいかを伝え、仕事を上手に任せる。

Evolve（進化する）：進化を続け、ギグ・スタイルを自分のものにし、この手法を自分と自分の会社なりに活用する。

以上四つの手順をぜひ覚えておいてほしい。後章で繰り返し出てくるほか、アドバイザーたちにも、T.I.D.E.メソッドがいかにイノベーションと成功に役立ったかを語ってもらっている。

フリーランス革命

「教師がテクノロジーに取って代わられることはないが、テクノロジーを使わない教師は、使う教師に取って代わられるだろう」

——ハリ・クリシュナ・アーリヤ（インド）

プリンストン大学のローレンス・キャッツとアラン・クルーガーによって行われた研究に

よると、今後20年で、アメリカの仕事の30パーセントは、タスク単位に分解される――すなわちフリーランサーが請け負える――と予測される。[19]

なんだか恐ろしい数字だと思う人は考え方を変え、心配する代わりに喜んでほしい。このディスラプションによって、あなたは学びと成長を強いられるかもしれないが、一方で新しい工夫が加速する。

ビデオエディターのケンの例をいま一度振り返りたい。作業量が限られ需要をさばききれなかった彼も、同じ不安を抱えていた。一定の品質の制作物を納品したいが、それでは月に数件しか取り扱えなかった。スキルはあっても、スケールして需要に応えることができず、解決策が必要だった。

そんなケンに、僕は提案書を出した。彼が時間を要している作業の多くは、ビデオ制作の最初のほうの工程だった。脚本の執筆、素材の収集、絵コンテの作成、音楽や効果音の追加など、骨の折れる作業だ。だが、そうしたタスクを請け負うフリーランスエディターのウェブサイトは無数にある。そこで僕は、それらを利用してはどうかと提案した。まずは一度試してみないかと。

それからの数週間、ケンはフリーランサーを活用したスケールの威力というものを実感した。そして、制作作業のさまざまな工程を任せるフリーランサーのネットワークを構築し、需要の増加に応えるべくスケールできるシステムづくりを始めた。さらによいことに、ケンは世界中の才能あるクリエイターとやり取りすることで、新たなスキルと新たなつながりを得た。1カ月が経った頃には、信じられない数のビデオをコーディネートし、編集し、ブラッシュアップできるようになっていた。制作量が月に6本から46本に増えたのだ！

ケンはひらめいたのである。自分の制作するビデオの市場価格（８００ドル）に気づき、制作量を最大化するシステムをつくった。自らをクリエイティブディレクターと認識し、フリーランスのエキスパートを下請けに起用したのだ。翌月は、何十本ものビデオを外注に出した。信頼関係を築くのに多少の時間がかかったが、ケンとフリーランサーのチームは、まもなくシステムを最適化した。ケンが懸命に働いているのに変わりはないが、もはやビデオエディターというより、クリエイティブディレクターとしての役割が中心だ。生産性は劇的に上がった一方、彼の高い品質基準は維持されていた。

ケンは、流砂に立った状態で、ギグ・スタイルへの旅路をスタートした。それまでの仕事の仕方は彼自身を支えるどころか、足を引っ張っていた。だが、ギグエコノミーを受け入れ、ギグ・スタイルで仕事をすることで、彼の生産性は劇的に上がり、以前にも増して大きな成果を残せるようになった。

あなたも、単独作業のストレスを抱え込むのをやめ作業分担を始めたら、どんなことが可能になるか想像してみよう。

2

ギグ・スタイル

「早く行きたければ一人で行け。遠くまで行きたければみんなで行け」

——アフリカのことわざ

あれは、2番目の娘が生まれてすぐの土曜の朝だった。僕はスライドショーの作成に取り組んでいた。この経営陣向けのブリーフィング用プレゼン資料には、何カ月も前から力を注いできた。大事な仕事だ。しかし作業の最中、自分の優先順位が狂っているという思いを払拭できなかった。妻が二人の娘との時間を楽しんでいるときに、僕はスライドショーをつくっている。

家族より仕事を優先しているわけだ。これは確かに重要な会議ではある。全社の経営幹部に向けたビジョン・プレゼンテーションだ。一方、僕がプレゼン資料に多くの時間を費やすあいだに、壁の向こうで娘たちが成長していく。ややもやはどんどん膨らみ、頭の中で何か間違っているという声が大きくなっていった。僕は変化を必要としていた。

あなたも、同じ思いをしたことがあると思う。プレゼンや大きなプロジェクトなどを家族よりも優先させている自分に気づいた瞬間が。それは間違っていると思わないか？　順番が逆だ。いくら仕事と会社が好きでも、最高の土曜日を無駄にし、人生で一番大事な人たちとの貴重な時間を逃している。

僕はその思いに苛まれながら、ふと、アダム・ベンジオンという友人からの助言を思い出した。シリアルアントレプレナー（連続起業家）である彼は、複数のスタートアップ企業を運営するために1日を1秒単位で計画する必要があり、時間管理の鬼だった。それにビジネスの成否がかかっているともいえた。そんな彼に、オンラインアシスタント［インターネットを利用して、在宅のリモートワーカーが業務を代行するサービス］を使うとよいと勧められたのを思い出したのだ。言われたときは「それもいいなあ」程度に聞き流し、自分に必要とは思わなかった。だが、あの土曜の朝、僕の頭の中でその助言が鳴り響いた。あれはまるで、スタート合図のピストルの音だった。

僕はプレゼン準備を休憩し、ファンシーハンズというウェブサイト［フリー人材紹介サイト］を覗いてみた。すると、簡単にオンラインアシスタントが見つかり、突如として必要な雑務の助っ人ができた。そこで初めて考えた。さて何をしてもらおう？　僕が必要としているのは何か？　それだけははっきりしていた。家族との時間である。

自分の会社生活がこんなにも家庭生活に食い込んでいることに罪悪感がある僕は、新しいアシスタントに家族で楽しめるアクティビティを見つけてほしいと依頼した。うちから半径5マイル以内で、妻と娘たちを連れていける場所とリクエストすると、アシスタントはさっそく取りかかった。僕がプレゼン資料を仕上げているあいだに、うちの近所のイベントを調べ上げ、厳選リストをつくってくれた。リクエストを出してから1時間後に返信が来た。うちからわずか10ブロックのところで、いちごフェスティバルが開催されているという。

そんなことが自分で調べられただろうか？　もちろん、フェスティバルが非公開で行われるわけはないし、僕は人並みにキーワード検索ができる。だが、いろいろなサイトをあちこち探しまわり、一つのことを調べているうちに別のことが目についたりして検索疲れに陥って、かれこれ1時間はかかるだろう。オンラインアシスタントに頼んだおかげで、その1時間が節約できた。そしてファンシーハンズは、僕の特定のニーズに応えて、情報をまとめてくれた。

僕はその土曜日にプレゼン用レポートを仕上げ、翌日曜日には家族連れでいちごフェスティバルに行った。音楽やフェイスペインティングやゲームなど盛りだくさんの、夢のような1日だった。優先順位に狂いがない1日。そしてもっと大きかったのは、ギグエコノミーの可能性に目覚めた1日だったことだ。

僕も妻も、アメリカの企業社会で長年を過ごしてきた。僕はその傍ら、常に記事を執筆したり、本の企画書を書いたりしている。とても忙しい家族なのだ。それがある日、他愛ないことにオンラインアシスタントの手を借りてみたら、僕の一番大切な人たちを思いやる時間がつくれた。雷に打たれた思いだった。他に何ができるだろう？　私生活にこんなにうれしい効用があったのなら、仕事生活にはいったいどんな効用があるだろう？

われわれは今、フリーランス革命の中を生きている。あなたがこれまでに知っているサービスは氷山の一角で、実はあまたのサービスが存在する。あなたは、タクシーの代わりにウーバーを利用したり、フードデリバリーをポストメイツやグラブハブで、スーパーの買い物をインスタカートで、洋服をスティッチフィックスで注文したり、グラフィックデザインをナインティナインデザインズで、ウェブサイトの作成をアップワークで発注したりしているだろう。だが実際は、あなたの知るサイトの何百倍もの未知のサービスが存在するのだ。ギグ・スタイルを学べば、そうした情報源があなたの世界を見事に広げてくれるだろう。

僕は、もうネット検索を卒業した。毎朝一番にファンシーハンズを開き、依頼するタスクを数件、登録しているのだ。すると、ランチまでに確認の返答が来て、夕食までにはタスクが完了している。自分の時間を10分程度発注に費やすだけで、1日分の雑務が完了してしまうのだ。

これは、初めてネットフリックスからDVDの入った赤い封筒が届き、これでレンタルビデオの世界が様変わりしたと察知したときの感慨に似ている。また、初めてiPhoneを見て、大量の情報がポケットに入る時代なのだと気づいたときもそうだ。ギグ・スタイルを取り入れることで、われわれの仕事の仕方は一新する。必要なときだけ利用できるオンデマンドのエキスパートを起用すれば、自分の時間が取り戻せる。つまり、テクノロジーによって自分の能力が倍増すると気づいた瞬間、僕は自分を待つ新しい未来を実感した。

僕のギグ・スタイルは、一人のエキスパートを使うことからスタートした。家から10ブロックの場所で開催していたいちごフェスティバルを見つけてもらった。今ではエキスパートのネットワークを利用し、自分の時間を本当に大事なことのために空けられるようになった。運動の時間もあるし、娘たちの宿題を手伝ってやれるし、家族と充実した時間を過ごすことができている。

フリーランサーの活用によって時間が生まれたことで、僕の職場に関する考え方も変わった。ギグエコノミーによって、必要なときに必要なだけ、すぐ利用できるオンデマンド型サービスが当たり前になったように、ギグ・スタイルによって、僕がビジネスに期待する「普通」も変わった。ただこれは、未曽有の変異とはいえない。スタンダードの変化はＩＴのコンシューマ化のときも起きた。

情報テクノロジーは、現代のあらゆる職場において欠かせない機能だ。同意できない人は、プリンターが突然クラッシュしたり、社内ネットワークが遅いと、職場の空気がどうなるか思い起こしてみよう。ＩＴのコンシューマ化とは、社員がｉＰｈｏｎｅやタブレットなどの個人所有端末を職場で使うことのみを指すのではない。オンラインストレージやウェブメール、ソーシャルメディア、ＳＮＳといったオンラインサービスも、個人利用から広まったものだ。

この変化の始まりは、社員が個人の端末を職場に持ってきて、社内ネットワークに接続し、その効率性が明らかになったことだった。そしてやがて、企業もそうした端末やサービスの利用を標準作業手順（ＳＯＰ）として採用するようになった。そのような流れで、ギグ・スタイルが職場に取り入れられたらどうなるかを考えてみよう。個々の社員が、個人で利用しているフリーランサーのネットワークを携えて出社し、何があっても即座に対応できるよう備える……とイメージしてほしい。

僕のプライベートにこれほどのメリットをもたらすギグ・スタイルを、職場のチームのみんなが実践したらどんなことが起こるか？　社員一人一人が自分の利用しているフリーランサーのネットワークを職場に持ち込んだらどんなことが起こるか？　それをこれから説明したい。

インターネットが旧態を破壊する

ネットフリックスは、たった数年間でサービスの利用者数を爆発的に増やした。２０１１年にはアメリカ国内で１２００万人だったが、２０１９年には全世界で１億３９００万人になっている。グローバル展開を始めた際に、利用者数が急増したのだ。現在ネットフリックスは、コンテンツの配給だけでなく、オリジナルシリーズや映画の制作でも知られている。

インターネットがすべてを変えたのだ。そんなことは周知の事実だが、インターネットが世界の人々の交流の仕方をどれほど変えたかに僕が気づくには、しばらくかかった。あなたは、初めてAOLのチャットルームに入ったときのことや、初期の検索エンジンを使って瞬時に情報を得たときのことを覚えているだろうか？

あなたは覚えていないかもしれないが、レンタルDVD時代のネットフリックスは、新規加入会員にちょっとしたゲームをさせていた。そのユーザーが好みそうな映画を何本か提示し、過去にそれらを観たことがあれば、どの程度のお気に入りか評価してもらう。シネマッチというこのレコメンド機能は、ユーザーの履歴に基づいたシンプルなアルゴリズムだった。その精度は……まあ、そこそこだった。なにしろ3万5000タイトルの中から選ぶのだから、すべてを的中させるのは無理だ。

2006年、ネットフリックスはシネマッチのアルゴリズムの改良に乗り出す。彼らは、コストが何百万ドルもかかるソフトウェア会社に依頼する代わりに、インターネットを頼った。現行のシネマッチよりレコメンド精度の高いアルゴリズムをコンテストで公募し、優勝者に100万ドルの賞金を授与すると発表したのだ。ネットフリックスは、広まりつつあったギグエコノミーを積極的に活用すると同時に、費用を節約したのだ。

この過渡期をうまく利用しているのは新興産業だけではない。タクシー会社はあらゆる面でのコストの増加に悩んでいた。交通渋滞が悪化し、車両の維持費と保険料が高くなり、タクシー営業許可証［高額なため、ドライバーはローンで購入する。数に制限があり転売可能］の価値が高騰している。その結果、タクシー料金が大幅に上がり、利用客と収益の減少につながっていた。

そこに登場したライドシェアリングサービスのウーバーは、タクシー業界を一気に変えた。それまでは、タクシーを呼ぼうと思ったらタクシー会社に電話し、自分の正確な居場所を伝える必要があった。行き先の正確な住所も持っていなければならない。また、カードでの支払いができない、または嫌がられる場合があり、チップの金額についてもいろいろな意見があって迷うことが多い。ウーバーなら、スマートフォンさえあればこれらの悩みがすべて解決される。

こうしたライドシェアリングの会社は、大半が設立されて10年足らずだが、既にわれわれの生活に大きく貢献している。車を呼びたければ建物から出て、スマホでワンタッチだ。自分の居場所がGPS機能で自動的に認識され、マップ上にピン表示される。行き先の住所は、入力し始めると、スマホのオートコンプリート機能で必要な情報が表示される。そして配車を決定すると、車両とドライバー、ナンバープレートの写真が表示される。目的地に着いたら、ボタンをもう一度押すだけでドライバーに支払いができる。たったそれだけ。ストレスも計算も無用で車に乗せてもらえるのだ。

これによって「あらゆるもののウーバー化」が起こった。ホテル業界、旅行業界、人材業界などでも、日々の生活でオンデマンド型サービスを提供する新興企業が出てきたのだ。

インターネットは従来の問題が検討され、解決策が提案され、そのギャップを埋めるビジネスが誕生する市場である。何かを依頼するニーズがあれば、どこかに、それを引き受ける人がいる。互いを見つける方法を知りさえすればいい。

ギグエコノミーを利用する

あなたは、ワンタッチで犬の散歩代行を依頼できるスマホアプリがあるのを知っていただろうか？　ドッグウォーカーという職業はもはや珍しくない。仕事で家を空け、犬の面倒が見られない愛犬家のために存在する。動物好きのフリーランサーが、依頼主の家にペットを迎えに来て、運動に連れ出してくれる。

「でも、なぜ企業を介す必要があるのか？　ネット検索でドッグウォーカーを見つけ、自分で依頼すればいいのでは？　そういうサービスが載っているオンライン電話帳があるはずだ」と思うかもしれない。

自力で探し出す気力は尊敬する。だが、ドッグウォーカーがどんな人か、どうやってチェックできるだろうか。安全実績を知っているか。他の依頼主からの口コミ評価はどうか。決めるまでに何通のメールを送る必要があるか。支払いはどうするのか。すべて自分で調べることも不可能ではないだろうが、これらをチェックするだけでいったいどのくらいの時間がかかるだろう。

ギグエコノミーは、まさにこうした問題を解決するイノベーションを企業に促す。ウーバーやリフトは、ドライバーの身元確認をし、乗客によるドライバーの評価制度を導入し、それらの情報が指先の操作で簡単に表示されるようにしている。前述のドッグウォーカーのサービスも同じだ。登録しているウォーカーについて、プロフィール、顧客の口コミ、保有資格などを、すべてワンタッチで参照できる。

企業がフリーランサーを活用するメリットは明白だ。特定分野のエキスパートを単発的に雇うことで、社内にはない知識やスキルをフレキシブルに使える。フリーランサーのネットワークがあれば、急速にスケールができる。それこそがギグエコノミーだ。事例はまだ尽きない。

あなたがこの本を読んでいてお腹が空いたとしよう。何を食べようとなったとき、一昔前なら、近所のレストランのメニューが詰まったオフィス机の引き出しを開けただろう。また面倒でなければ、車でファストフード店に行ったかもしれない。いずれにしても、ギトギトした油っぽい食べものになり、理想的な食事とは言い難い。

だが今は、スーパーの生鮮食料品の配達を頼めるようになった。ホールフーズをはじめとする多くのスーパーが、買い物代行サービスを提供している。少ない手数料で、注文した商品を探して袋に詰め、数時間以内に届けてくれる。最近では、お気に入りレシピごとオーダー［提携レシピサイトの料理を指定すると、その食材をすべて揃えてくれるサービス］できたり、アボカドの熟れ具合を指定できたりと、細かい選択肢が用意されている。また、ブルーエプロンやハローフレッシュなどの食材宅配サービスもある。オリジナルのミールキットが詳しいレシピと共に届く。

そして、今晩は料理をする気もしないし、好きな店がデリバリーをやっていないという場合、かつてならお気に入りの料理は諦めるしかなく、残念でしたというほかなかった。だが今は、グラブハブやポストメイツなど、あらゆるものを買いに行って届けてくれる会社ができた。例えば、マクドナルドと、デザートにクリスピークリームのドーナツ、などというオーダーも、ワンタッチで受けてくれる。

われわれにとっての当たり前が、目まぐるしく変化している。アマゾンは一部地域で、同日配送を提供している。このようなイノベーションは簡単にできるものではない。各社とも、懸命な努力の末に、顧客が喜ぶオンデマンド型サービスを実現させている。

こうしたサービスは、うれしい・楽しいだけでなく時間を節約してくれる。車で赤信号や渋滞を乗り越えてレストランに行き、注文をして、料理ができるまで待ち、家まで運転して帰る時間が省け、そのぶん家にいられる。家族と時間を過ごしたり、大事な報告書のリサーチをしたり、小説を書いたりする時間に充てられる。

雑用で走り回る代わりに、自分にとって大事なことに専念する余暇ができる。毎日30分の余暇ができたら、その時間で何ができるか考えてみよう。それが積もり積もったらどうなるか。何日分もの自由時間ができ、長いこと手つかずになっていた趣味のプロジェクトなどに取り組めるようになる。あなたがやりたいことは何だろう?

やり方がわからない

ついさっき、確定申告の作成サービスのすばらしいコマーシャルを見た。イントゥイット社が提供する納税ソフト、ターボタックスのコマーシャルだ。同社は毎年、このソフトがいかに簡単に使えるかを謳ったCMを大々的に打っている。今年のバージョンは、確定申告が5分でできる! 文法チェック機能が無料で使える! ターボタックスで申告すると家計管理ソフトのミントを無料進呈! というアップデートを謳っている。

市場に出回るソフトはターボタックスだけではないし、各種クーポンや無料サービスを付けるプロモーションも効果は知れている。そんな中で、イントゥイット社はどのように競合から抜きん出たのか？　どのように、最小限の時間で確定申告を済ませたい人々によりよい体験を提供したのか？

それは、公認会計士をソフトの中に入れてしまいました、という宣伝だった。オンデマンドで公認会計士の手助けが得られるサービスを「公認会計士付き」と謳ったのだ。

確定申告は嫌な作業だ。いろいろな計算が必要だし、毎年ルールが変わるし、一つ間違うと、本当に面倒なことになる。多くの人にとって心労の種なので、生身のエキスパートに手助けしてもらえるのは画期的だ。これだけソフトやアプリが出回っているのに、エイチ・アンド・アール・ブロック〔対面の確定申告作成専門サービスフランチャイズ〕が存続しているのもそのためだ。無料または安価のオンラインサービスより多少お金はかかるが、同社に行けば、安心してエキスパートに見てもらえる。

イントゥイット社は、生身のエキスパートの助けを必要な部分だけ利用できるオンデマンド型サービスをソフトに付帯させ、製品の性質を変えた。確定申告が安くできる選択肢を提供することに加え、お手伝いしますからご安心ください、というようになったのだ。確定申告という重要なプロセスで、わからないことがあればエキスパートがご案内しますと。

これこそがギグ・スタイルの真髄だ。どのようなタスクでも、工程ごとに分解して、それぞれを任せるエキスパートを見つけようという考え方だ。前述の例では確定申告というタスクの一部を公認会計士に手伝ってもらうというものだ。

もう一つの好例はイケアだ。イケアは組み立て前の家具を販売し、浮いたコストを顧客に還元するという業態で、既に家具業界を変えていた。ただし、組み立ての難しさがよく笑い話にされている。難しいものになると、安全に組み立てるには少なくとも二人の手が必要であり、ベビーベッドの組み立てに苦戦する夫を見て妻が床に転げて笑いっぱなしという状態なら、もう一人余計に必要だ。

そんなところに登場したのが、ハンディマンサービス［軽い大工仕事を請け負うサービス］のタスクラビットだ。２０１７年にイケアがタスクラビットを買収し、必要に応じて、顧客の家でイケアの家具を組み立てるサービスを提供し始めた。家具の購入時に割引価格でサービスを申し込むと、後でタスクラビットのタスカーが自宅に組み立てに来てくれる。

この手のサービスは「ラストマイル」サービスと呼ばれ、利用した経験があるかもしれない。家電量販店最大手のベストバイは、製品の設置や問題解決を請け負うギーク・スクワッドを買収。ホームセンター最大手のホームデポも「プロ・サービス」を展開する。シャッターフライは顧客のオンライン・フォトブック作成を手伝うデザイナーを揃えている。グーグルとアマゾンは、自社のバーチャルアシスタント機能に、ここで紹介したようなさまざまなサービスを紐付け、顧客が口頭による指令で何十種類ものサービスを依頼できるようにした。

すごいことだ。ここまでのインテグレーション［統合］はたった数年前でも夢のような話、はかない希望だった。それが今では、大企業がギグエコノミーを介して専門家やエキスパートを起用し、顧客により多くのサービスを提供するようになった。アップワーク、ファイバー、ウーバー、リフト、ウィーワーク［コワーキングスペース提供］、スラック、ズーム、エアビーアンドビーはどれも、人と人をつなぐというコンセプトのもとに築かれたビジネスだ。特筆すべきは、これらの企業が株式を公開した、あるいはする予定だという事実だ。株式市場に上場して環境の変化をさらに加速させるだろう。こうして、人とトレンドを結び付けるのがギグエコノミーの真髄だ。

これらの企業は顧客にサービスを提供しているだけではなく、仕事の発注者と受注者がどうつながるかを変えた。その影響は個人生活や働き方にも及ぶだろう。それに気づくのが早いほど、早期に将来に向けて意識の転換ができる。

もっと大きな船が必要になる

ギグエコノミーが存在感を増してきたとき、大企業の多くがそれを単なるB2Cすなわち企業が一般消費者を対象に行っているビジネスと捉えた。ウーバーとリフトが急成長しても、従来型の企業は「われわれには無関係だ。うちの業界は〝ウーバー化〟できない」と思っていた。だが、ギグ・スタイルを取り入れた僕には、自分のかつての働き方が崩壊したのがはっきりわかった。僕は、B2B企業、すなわち企業に対してサービスを提供する事業者について調べ始め、そこに可能性を見いだした。これを利用すれば、自分の働き方や生き方が変えられるかもしれないと。そしてこの考えをみんなと共有し、参考にしてもらいたいと思った。それが本書を書いた動機である。

間違いなく、ギグエコノミーはインターネットの到来と同じくらい大きな変化だ。そういわれてもピンとこないかもしれないが仕方ない。大規模な変化とは、その最中は変動が見えにくいものだ。それは頭上に雲が流れてきたときと、巨大な暴風雨前線がやってきたときの違いだ。そこまで大きなものがやってくると、いきなり周囲を取り囲まれるまで変化に気づけない。

1章の冒頭で引用したアーネスト・ヘミングウェイの言葉を振り返ってみよう。「どうして、破産したんだい?」「二通りあるんだ……徐々にと、それから、急速に」(この引用には何度も言及するので、今のうちに印をつけておこう)。

ギグエコノミーは当初、ライドシェアリングサービスや、料理のデリバリーの普及化で注目されるようになったが、実はその領域はもっともっと多岐にわたる。

アップワーク、トプタル〔世界トップレベルのフリーランス・ソフトウェアエンジニアのリモート派遣」、ファイバー、エアビーアンドビー、ビジネス・タレント・グループ［コンサルタントのクラウドソーシング］、トップコーダーをはじめとする、何十もの企業を考え合わせると、全体像がよりはっきりしてくる。どこも人材の数が多いだけではなく、ケンがトレーニングビデオの制作で気づいたように、トップレベルのプロフェッショナルを揃えている。リモートワークを単発で請け負う才能あるエキスパートたちが、あなたの従業員のキャパシティを倍増してくれるようになった。

もっと重要なのは、これがギグエコノミーによって形づくられた潮流ということだ。ビル・ゲイツが1980年代に「すべての家のすべてのデスクにPCを」と言ったのは有名だ。だがその後インターネットが登場して、みんながよその家の人とつながれるようになり、次はスマホで世界中の人がつながれるようになり、SNSがプラットフォームをつくって、コミュニティが築かれるようになった。こうしたイノベーションが新たな経済モデルを促進した。

大きな船を旋回させるには時間がかかる。そしてグローバル経済はとてつもなく大きな船だ。フリーランサーのネットワークを運営する企業は、当初はベンチャーキャピタルによって設立され、その状態で数年間存続してきた。だが、その多くが株式公開を果たしている今、ビジネスモデルにさらなる進化が起きようとしている。それは、より広域な業界での提携の広がりだ。

イントゥイットや、イケア、ホールフーズのように、大企業がフリーランサーによるオンデマンド型サービスを積極的に取り入れ、顧客に新しい独自のサービスを提供するようになった。また、自社社員に対しても、エキスパートのアドバイスや多くのアプリの割引、さまざまな学び直しのサイトを介した研修などを提供している。

これは大きな変化だ。フリーランサーの活用がどれほどの成長を可能にするかを認識することが重要だ。この進化が始まってからほんの数年で、既に大企業がギグエコノミーに参入している。問題は——それはあなたが本書を手にしている理由でもあるが——どうすれば、あなた自身がギグエコノミーを活用できるかだ。

僕があなたにものを売り込む立場だとしたら、ここが正念場だ。ここで、これまでの体験談やら何やらをセールスピッチに持っていく。僕も今のあなたと同じ経験をした。気持ちはわかる。今までの生き方・働き方が間違っていたことへの抵抗感も。だからあなたは一人ではないことを知ってほしい。これまでの努力が無駄だったわけではない。あなたも薄々感じていたように、もっといいやり方があるということなのだ。

そのような考えが、あのいちごフェスティバルを訪れたとき頭に浮かんだ。僕はあの日、戸別訪問のセールスマンになって、この考えを自分に売り込もうとした。自分の頭蓋骨のドアを必死にたたいて、話を聞いてもらおうとした。それまでの僕は、一つの生き方しか知らなかった。やり方も一つ、考え方も一つ。けれども、家族とのすばらしいレジャーの最中に突然気づいた。それまでの自分がすごく間違っていたと。

今の僕は、才能あるエキスパートのネットワークを利用して、毎日新しいスキルを学べていて、とても満足している。自分のスキルを有用な状態に保つ努力をしつつ、仕事の成果も残している。どの企業も変わるべき、そして変われると信じている。その第一歩は、われわれの従来の働き方が崩壊したという認識を持つことだ。

僕の場合、あの古い意識を捨てさえすればよかった。

新たな意識

「あなたの頭脳や戦略がどんなに見事でも、ソロゲームをしていれば、必ずチームに負けるだろう」

――リード・ホフマン（リンクトイン創業者）

2018年の12月、娘が高熱を出した。子どもが病気となれば、親として他のことはどうでもよくなる。世界が止まり、その子のことしか考えられない。それを阻むものなど何もない。ただ、医院が閉まっているとか、翌週の火曜日まで予約が取れないとか、紹介状が必要だとかいう現実問題は別だ。そしてあのときは、ドアが埋もれるほどの大雪が積もっていた。だが僕は父親だ。子どもが病気とあれば、雪などなんでもない。でも実際どうしよう？あのときはちょうど、会社の提供する医療保険の内容が変わったばかりだった。保険プランにはいろいろな機能や特典がついてくるが、その一つにテレドックというアプリがあった。緊急以外の場合に、加入者がスマホ経由で医師に相談できるというアプリだ。

自分は病気の子どもを抱える父親だが、その一方、新しいテクノロジーをいち早く利用するタイプでもあり、このテレドックというアプリをスマホに入れてあった。それを試してみてもリスクはない。アプリの対応がよくなかったとしても、病院の救急に連れていくという選択肢は残されている。

ボタンをクリックしてアプリを開いてみると、いきなりスマホの画面にお医者さんが出てきた。コンピューターでも問診の文章でもない、長年の経験を持つ生身の医師が現れたのだ。彼はさっそく、リモート診察を行ってくれた。数分のあいだに、こちらから娘の症状を伝え、医師から診断の見立てをするための質問があった。彼は診断を終えると、その場で処方箋を薬局に送信してくれた。僕は自宅前の除雪サービスが終わるのを待って、その日のうちに薬を取りに行くことができた。

この経験ですべてがつながった。家族に必要が生じたとき、指先ひとつでエキスパートに相談できた。いちごフェスティバルに出かける計画も、オンラインアシスタントがやってくれた。スライドショーや難しい事柄のリサーチで助けが必要なときは、ほんの数回キーをたたくだけで、専門知識のあるフリーランサーにアクセスできた。

こうしたことが実現するようになったのはすべて、ギグエコノミーのおかげだ。テレメディシン［遠隔医療］、ライドシェアリング、フードデリバリーと、それぞれのサービスの名称は違えど、どれもその中心にはプラットフォームで人とサービスがつながるという共通の形態がある。だからこのとき、いかなることも可能だと気づいた。強大な力を発見した。

以来、僕は自分の生活を一連のタスクと捉えるようになった。毎日、家の修繕や近所での用事など、何かしらの雑用がある。毎日、リサーチ、無数のレビュー、延々と続く会議など、仕事のプロジェクトもある。そして毎日、達成すべき目標もあるが、どれにも割ける時間は限られている。

引き受けてくれる人がいるのに、自分はなぜ、やり方がわからないタスクや、やりたくないタスク、やる時間のないタスクに時間を浪費していたのか。

今ではどんな日も、以下のようなサイトを利用している（これらはごく一部だ）。

アップワーク：事業者と独立したエキスパートがリモートでつながり、協働する、世界最大のフリーランスプラットフォーム。

ファンシーハンズ：米国を拠点とするオンラインアシスタント・サービス。さまざまな雑務や、予約の電話などを代行してくれる。

ファイバー：フリーランス人材市場。ウェブ開発、文字起こし、ライティング、ウェブリサーチなどのプロジェクトに向いているが、僕は、家族の似顔絵を描いてもらったこともある。

クラリティfm：何百もの分野のエキスパートからアドバイスを受けられる。急な依頼でも、生身の人間が、どんなことの相談にも乗ってくれる。いつでも電話で相談できる友だちのような存在。

アスクワンダー：あなたは、何かについての調べものを自力ですることによって何時間も浪費した経験を何度もしているだろう？　アスクワンダーは、プロのリサーチャー集団が、いかなるテーマでも妥当な時間で調べ上げ、情報提供してくれる。

知らなかったことがたくさんで圧倒されるかもしれない。思考様式を変えるのは容易ではないが、もちろん可能だ。僕自身が、老犬でも新しい芸を覚えられる証である。

ギグエコノミーによって、限りないエキスパートを揃える小規模企業が数多く誕生した。

今こそリソースを活用し、自分の時間を取り戻し、可能性を考え直す時だ。

まずは、自分が常識だと思っていたことをすべて忘れなければならない。

やってみよう

1 やることリストをつくる。1枚の紙またはノートの1ページに、これまで後回しにしてきたタスク、人の手を借りたいタスク、情熱を注ぐプロジェクト、ボランティアとして働きたい組織などを書き出してみよう。

2 別のページに2分割する線を引く。やることリストのアイテムを、私生活関連のものと、仕事や副業関連のものに分けて書き込む。

3 本章で紹介したさまざまなサービスのプラットフォームをインターネットでチェックする。内容を調べながら、自分のやることリストに使えそうだと思ったら、該当するアイテムのところにメモする。

4 一つのプラットフォームで、一つのタスクを依頼してみよう。

3

自分のデフォルトをリセットする

「多くの人がチャンスを見逃すのは、それが作業着を着て大変そうに見えるからだ」

――トーマス・エジソン

「ビジー・トラップ」という現象がある。

誰でも、身の周りの雑務に忙殺されることはよくある。いろいろなことに少しずつ時間が奪われ、気がつくと時間が全然なくなっている。朝起きて会社へ行って、寝る、を繰り返していると、いつのまにか数週間が過ぎていて、仕事以外のことが何もできていない。家族を顧みることもできず、個人のプロジェクトも手つかずのままだ。そういう状態をビジー・トラップという。誰にでもこの状態に陥る時期がある。それが、ストレスや不安、精神衛生上の問題に発展する可能性もあり、そうなると生活のすべての面に支障をきたす。人間関係にもひずみが生じるのはいうまでもない。

僕はギグ・スタイルを探求していくうち、自分の生活の実に多くの部分をリフォームする必要性に気づいた。自分の日常のあらゆる側面を違う角度から見直さなければと思った。さらにアメリカ中の人々と話をするうちに、自分は特殊なケースではないと知った。フォーチュン500に入っている企業を訪ねたり、カンファレンスで講演したり、多くの会社員の声を聞いたりしてみると、彼らも改革や立て直しを必要としていることがわかった。

その人たちと僕は、ある共通点でつながっていた。みな、ビジー・トラップに陥った状態なのだ。家族や自分自身のための時間、学び直しや成長のために費やす時間がない。私生活や仕事で求めていることはそれぞれだが、もっといいやり方があるはずだという思いは共通していた。

あるカンファレンスで講演した僕に話しかけてきた女性は、涙ながらにこう言った。彼女は本当に目に涙を浮かべていた。

「あの、少しよろしいですか?」

いかにも訳ありで助けが必要という感じだったから、僕は「いいですよ。どうしましたか?」と言った。

しばらく話をして、彼女の身の上話を聞いた。彼女はシングルマザーでストレスの多い仕事をしていた。その仕事は、彼女が情熱を傾け、望んでいた仕事だったが、ともかく時間に追われ、ストレスを解消したり負担を減らすために生活を見直したりする余裕がないという。

彼女は忙殺されていた。でもその勤め先は、彼女自身が夢見て、長年懸命に勉強し働いた末にようやく就職した企業だ。仕事も職場の人々も気に入っていた。問題は、ワークライフバランスをうまくとれず、すべてをこなすことができていない点だ。彼女は家族のニーズと仕事のニーズを手に負えないほど抱えていた。そういうストレスは、僕も自分に重ね合わせることができる。同じ苦労をした者としてとてもよくわかる。

僕は話の途中で切り出した。「僕に何ができますか?」

でも彼女は答えられなかった。これではダメだというのはわかっているが、当事者だからこそ問題を客観視できない。これも、誰もが一度は通る道だ。

実行不可能な量のやることリストがある。タスクが山積みで手がつけられない。一つだけ確かなのは、これは彼女だけの悩みではないことだ。

「やることリストの中で、今日できそうなタスクを一つだけ言ってみてください」

彼女がしばし考えるあいだ、家事や用事が次々に頭に浮かぶストレスがこちらにも伝わってきた。彼女はついに顔を上げて言った。

「両親の顔を見に行きたいのですが、なかなか旅行計画が立てられないでいます」

なんだ、そんなこと？　カヤックやトラベロシティなどの予約サイトに目的地を打ち込むだけじゃないか？　そう思うかもしれないが、そこがビジー・トラップの問題だ。そんなことは30分もあればできるタスクかもしれない。けれどもその30分をどこから捻出するのか。前章で統計を紹介したとおり、大半の人は教育や研修に専念する時間さえも、週に24分しかない。ＩＴ企業で働くシングルマザーならもっと忙しく、月に24分かもしれない。そしてその24分は、一度に取れるわけではない。

親業は休みなしの仕事だ。病欠を取ることも15分休憩を取ることもできないし、子どもを置いてランチで息抜きというわけにもいかない。24時間勤務の仕事だ。パートナーがいれば少しはましで、一息つくことも可能だろうが、ひとり親はすべて背負わなければならない。

そして、ビジー・トラップは働く親だけに起こるわけではない。子どもがいなくても、長時間勤務や副業の掛け持ち、家族や友だちとの時間がなかなか取れないなどで、彼女の悩みに共感できる読者もいるだろう。これは悲しいかな、よくある問題で、みんな一様にもっとよいやり方があるはずだと考えている。

僕はノートパソコンを開いて、いつものオンラインアシスタントサービスにログインし、彼女のリクエストを入力した。すべての情報が届くまで4時間ほどかかっただろうか。僕のアシスタントから、一番お得なフライトの詳細情報、レンタカー、両親のアパートに近い民泊の選択肢が送られてきたので、彼女にメールで転送した。僕がこの作業に費やした時間は、全部で数分だろう。

メールを受け取った彼女は画面の向こうで目を丸くして驚いた。そう、数年前の僕、そして、ギグ・スタイルの講演で出会った数えきれない人たちと同じ驚きの表情だ。

ビジー・トラップの最中にいるときは、自分一人という感覚が強い。自分のやることリストは自分にしか取り仕切れない用事で、人に手伝ってもらうことなどできないと思い込んでいる。だが、ギグ・スタイルの意識にいったん目覚めると、明白な事実がわかる。画面の向こうに、あなたの依頼を待ち受ける人たちがいるのだ。才能あるフリーランサーを起用することで、いかなるタスク、プロジェクト、ニーズも解決できる。

講演先で出会ったあの女性は、僕がウェブサイトを使って問題を解決する様子だけでなく、それによって生まれた余裕、僕が取り戻してあげた時間も目の当たりにした。ギグ・スタイルによってどんなことが可能になるかを知ったのだ。

時間と余裕が生まれると、いかなることも可能になる。数時間つくれたら何ができるかを考えてみるといい。ちなみに、僕が個人目標に専念するためにギグ・スタイルの手法で捻出した時間は、合計すると年に10日ほどになる。以前は持つことができなかった、自由に使えなかった、192時間を得たのだ。

僕があなたに「ああしろ」とか「こうするな」と口先で言うのは簡単だ。油っぽいハンバーガーやドーナツを食べてはいけないとまくし立てるフィットネスのカリスマトレーナーと同じだ。言うのは簡単だが、実践はわけが違う。問題は、あなたが自分のデフォルト［これまで当たり前だと思ってきた考えや習慣］をリセットできるか、である。

簡単ではないがやる価値はある

あなたは、ダイエットを投げ出したことがあるだろうか？

ない人などいないはずだ。万人共通の経験だろう。減量目的であれ、特定の食べものを避ける目的であれ、食べていいもの・悪いものを決めて、それらを守ろうとするも失敗したという経験は、誰もがしていると思う。失敗というのは言いすぎかもしれない。ともかく、ダイエットは続かなかった、ということ。

単発ダイエットは、もともと長く続けるようにできていないので、ほとんどが失敗する。「今までより少し早足で歩け」というのと、「全速力で走れ」ということの違いだ。全速力で走れる距離は知れている。そんなに長くは走れない。1マイル（約1・6キロ）くらいがいいところではないか。一方、少しだけ早足で歩いた場合、同じ時間で以前と比べてどのくらい長い距離を歩けるだろう。大きな違いを出すには時間がかかるかもしれないが、持続可能だ。1日中でも続けられる。

そこが短期の食事制限とライフスタイルチェンジの違いだ。パレオやケトジェニックといったライフスタイル・ダイエットの本を読むと、共通したことが書いてある。「しばらくのあいだ」とか、ある「目標を達成するまで」ではなく、ライフスタイルを変えましょうと言っている。これをあなたのニューノーマルにしなくてはならないと。さもないと、当事者は頭のどこかで最初から諦め、自分に失敗を許してしまうのだ。

意識の転換もこれと同じ。そのときだけでなく、常にギグ・スタイルで暮らすようにしなくてはならない。日々の生活でフリーランサーを起用し、ギグ・スタイルを柱とした生活をするのだ。それを自分のニューノーマルにしてほしい、というか、実践すればおのずとそうなるだろう。

ライフスタイルチェンジと同様に、意識の転換も周囲のサポートがあると助かる。あなたの取り組みを、家族や友人、同僚と共有すると、楽しく行えるようになる。困ったら助けてもらえるだろうし、わからないことがあれば仲間の誰かに教えてもらえるだろう。

僕はこの考えを会社のチームのメンバーに紹介したとき、彼らの多くが、同じ不安や問題で悩んでいたと知った。みなビジー・トラップに陥っていたのだ。そこで一緒に学び成長していくうち、意欲が盛り上がった。何かに成功するたびにチームで祝ったことが、モチベーション維持につながった。

1960年にマックスウェル・マルツ博士が、新しい習慣が約21日間続けば、それが身についたといえると説明した。しかし2009年に、より長期の研究によって、人がデフォルトをリセットするには平均66日かかることがわかった。しかし、これは個人差が大きいので、もっと長くかかってもやる気をなくさないでほしい。あくまでも参考情報だ。

66日間。2カ月ちょっと。9週間。たったそれだけで習慣化できるのだ。ファイバーやアップワークにログインし、フリーランスのエキスパートと作業を共有する。朝起きたら、インスタカートでスーパーの買い物を注文し、出勤前にスティッチフィックス［登録した自分の好みに基づきAIとプロのスタイリストが選んだ洋服や靴が定期的に送られてきて、その中から気に入ったもののみを購入するサブスクリプションサービス］で買う服を選び、職場では、クラリティfmにリサーチを依頼し、あとの雑務はファンシーハンズに手伝ってもらう。そんな生活を9週間続ける。そうすると、いつのまにか面倒に感じなくなり、楽にできるようになる。目をつぶっていてもできそうに感じられる。そしてふと気づけば、ギグ・スタイルが自分の唯一の考え方になっている。そうなったらデフォルトのリセット完了だ。

ダイエットと同様、古い習慣に逆戻りしてしまうこともままある。私生活にギグ・スタイルを取り入れるのは、割と違和感なくできる。われわれは既に、人に料理や運転を頼んだり、オンラインで他人に質問したりすることには慣れているので、そうした単純なことは問題ない。ただ、大きな問題に直面したり、仕事で大きなプロジェクトに取りかかったりすると、やはり夕食後の時間を使って自分で格闘し、週末の家族サービスの計画などは二の次になる。

そんなとき頼りにしてほしいのが、本書をはじめとするサポートの輪だ。あなたの最初の数件のプロジェクトにギグ・スタイルを取り入れる方法を、僕が案内する。おおかた、僕が経験していないトラブルはないといえる。本書の巻末に、僕が実際に試して完了したプロジェクトの一覧を載せたので参考にしてほしい。

また、僕が招集したアドバイザーチームの体験談もある。GEやNASA、トップコーダーといった第一線で活躍するすばらしいイノベーターたちが、参考になる体験談を共有してくれている。自分の問題を客観視できないときに読んでほしい。

さらに、世の中には、あなたと同じ悩みを抱える仲間が大勢いる。僕は、講演に行く先々でビジー・トラップにはまった人たちに会ってきた。やることリストが頭に重くのしかかる人たちだ。僕がその窮地から抜け出る方法を教えると、みんな大喜びしてくれた。

大事なことをやり遂げるという目的に向かって一緒に前進しよう。まずは、自分の時間を取り戻す必要がある。その一番の方法は、自分の時間を浪費しないことだ。自分に与えられた時間をもっと大事に使おう。

会議抹消

会議が悪であるという意見に反対する人はいるだろうか。窓のない会議室に大勢の同僚と共に缶詰めになり、プレゼンを次から次に聞かされる。進行役は、もともとの議題に関係なく、話題をころころと変え、何も成果がないまま数時間後に終了。最悪だ。全く意味をなさない場合が多く、メール1本で情報を伝えてくれたほうがよっぽど助かる。だから、僕はもう会議に出ないと決めた。

厳密にいえば、他者との協働や連携が必要な仕事に関しては別だ。メールで解決できる問題ばかりではないからだ。生産的な会議をするための大原則に則ってやってくれれば、別に問題ない。でも、そうでない会議はできる限りパスするようにしている。延々と続く会議に時間を浪費しないという一番手っ取り早い方法で、僕は自分の時間を取り戻しているのだ。会議への出席を断るのは必ずしも容易ではないが、自分が価値を提供できる場所・できない場所について包み隠さず率直に伝え、後で議事録を読んでフォローするなどしている。

「デス・バイ・スライドショー（スライドショーで墓穴を掘る）」という言葉を聞いたことはないだろうか。高性能なプレゼンソフトが使いこなせないばかりに逆効果になる現象を指す。世界中の職場を悩ませる慢性的な問題だ。大概、ごちゃごちゃした画像、1枚のスライドに文字を入れすぎる、発表者が話す準備をしておらずスライドの文章を棒読み、といったことに起因する。そして、何時間もかけた挙句に、目的達成ならずという結果に終わる。

昨今の新社会人は、会議など無縁の環境で育っている。即座に満足感が得られる環境、すなわち、フェイスブックやユーチューブ、グーグルなどで、いつでもどこでもワンクリックで情報が見られる環境で育った彼らは、当然、職場にもそのスピード感を持ち込む。そして彼らにも、成果を残したいという意欲や情熱や気概がある。そんな彼らを会議室にすし詰めにし、メールで送れば5分で済むであろうプレゼンを1時間かけて見させたりすれば、せっかくのやる気を萎えさせてしまう。

これはミレニアル世代だけの話に聞こえるかもしれないが、会議が嫌いなのは若い世代に限ったことではない。会議は、そこで共有される情報が重要なだけに、歯がゆく感じることが多い。スライドはアイデアや考えをさっと効率的に伝える機能を持つが、両刃の剣でもある。せっかくの「コラボレーション」も下手をすれば「混乱」を生むだけ、というのと似ている。多くの時間を費やしてスライドに８ポイントのフォント文字を詰め込んでも、効率的にメッセージを伝えることはできない。もう自分の時間を不得手な作業に浪費するのはやめ、成果を残すために使おう。

さて、今度は会議のコストについて考えてみよう。経営コンサルティングのベイン・アンド・カンパニーが大手企業の時間予算について調査したところ、ある組織で中間管理職が週例会議に費やしている時間を人件費に換算すると、年に１５００万ドル（約15億６０００万円）に上った。週にたった1回でそんな金額になるのだ[20]。

あなたの出席する会議はそこまでの金額にはならないかもしれない。それでもやはり、時間はコストなのである。例えば、あるチームのメンバー５人の平均年収が10万ドル（約１０４０万円）だったとして、その５人が1時間の会議をすると、その会議には３５０ドル（約３万６０００円）の人件費がかかっていることになる。そのチームが、会議に週15時間を費やしたとすると、会議に週５２５０ドル（約55万円）かかっている計算になる。

これを年間コストに換算すると、27万３０００ドル（約２８３９万円）になる。たった５

人でこの金額だ。全社分を計算したら、いったいいくらになるだろう？　社員100人の企業なら、年間550万ドル（約5億7200万円）だ。有意義な変化への歩みを止めるような慣行をいつまでも続けるのはおかしい。

会議の頻度や時間を減らす方法を考えれば、会社のコストを大幅に節約できる。自分の会社がどのくらいのコストを節約できるか知りたい人は、『ハーバード・ビジネス・レビュー』誌のウェブサイトでチェックできる。あなたの出ている会議のコストを自動計算できるページがあるのだ。僕の場合は、あんな会議にあんな投資価値はないと思ってしまった。

会議そのものが無駄だと言いたいのではない。時間がどんどん長くなっているのが問題なのだ。1960年に企業幹部が会議に費やす時間は、週に10時間だった。それが今では23時間だ。なぜそんなことになっているのか？　1960年当時は、10人に情報を伝えようと思ったら、彼らを一部屋に呼び集めるのが手っ取り早い方法だったのはわかる。だが今の時代は、5分かけてメールを1通送信すれば同じ用が足りる。マネジャーたちがそのメールを見たかメッセージで確認する作業だって数秒でできる。こんなテクノロジーがある時代に、なぜ、自分の時間と彼らの時間を丸1時間無駄にしなければならないのか？

会議というのは議題が決まっていても、上っ面を撫でただけの議論に終始しがちだ。深い話し合いや学びがない。だいたいの場合、特定のテーマについては、また別の会議が設けられる。そのための事前会議をしているようなものなのだ。そして、その本格的な会議になると、時間が空いたために発表内容が膨らみすぎ、趣旨が全く伝わらなくなったりする。

イーロン・マスクが自社テスラの社員に送信した、生産性を上げるための秘訣というのがある。そのほとんどは会議の回数を減らすためのものだった。会議の時間を縮小するための提言には、以下のようなものがあった。

●自分が価値を提供できないような会議なら退席しよう。
●わかりにくい用語や頭字語［複数の単語の頭文字を組み合わせて略した言葉］は使わない。
●コミュニケーションは、指揮系統を通すのではなく、最短経路で行おう。
●情報が各階層、各部署のあいだを自由に流れるようにしよう。
●常識に沿って行動しよう。社内規定を適用できないような特定状況下では特に。

マイクロソフトのサティア・ナデラCEOも、時間の使い方について持論を持っている。彼は最近「フリーコノミクス・ラジオ」（『ヤバい経済学』著者によるポッドキャスト番組）のインタビューで、こんなことを言っている。「レビュー会議のときは、私のところへ上がってくる前に、みな少なくとも5回は事前レビューを行っているんです。それが慣習だからです。

そういうものでしょう？　担当者が直属の上司のレビューを仰ぎ、上司はそのまた上司のレビューを仰ぎ……というふうに。それでは、事柄やマトリクス組織によっては、すごい回数になってしまう」。サティアは、効率的な会議を行うためのルールを次の三つに集約した。[21]

- **自分の話は控えめに。**
- **人の話をよく聞く。**
- **決断する時は決断する。**

会議は、ビジー・トラップの症例の一つだが、古い意識に根差した慣習だ。僕たちの上司は会議をし、その上の上司も会議をし、またその上も……と昔から続いてきた。繰り返すが、社員が集まることが悪いのではない。ただ、参加者は目的意識を持って臨み、他者と協働する方法を把握している必要がある。

僕はギグ・スタイルで暮らすようになってから、他者との協働の仕方が変わった。タスクをフリーランサーに依頼し始めた当初は、カンファレンスコールの時間を別途設けてくれるよう頼んでいた。カンファレンスコールとは電話会議のことだ。

まだ仕事の頼み方を試行錯誤していた初期の頃、僕は、あるフリーランサーに連絡を取り、作業の詳細を伝えたうえで、さらに数分間電話で話し合いたいと言った。すると、要件を箇条書きにしてメールで送ってくれればいいですと言われてしまった。「具体的にお願いします。何を必要としているか、いつまでに必要か、フォーマットはどうするか、などです」。つまり、まず僕自身が時間を取って考えていることをまとめ、そのうえで指示を出してほしいというわけだ。

僕がつき合っているフリーランサーたちは、成果や学び直しを最大化するために、1日のスケジュールを組んでいる。そんな中、僕の電話に20分取られたら、日程が崩れてしまう。そこで僕は、自分の考えや要望を概説した、簡単なデザインブリーフを作成した。所要時間は10分。そしてメールの送信ボタンを押すのに1秒で完了だ。

指示の文書化で恩恵を受けるのはフリーランサーだけではない。書くほうも、自分の考えの要約や批判的思考のよい訓練になる。どうすれば自分の要望をうまく伝えられるかを考えさせられるからだ。

アマゾン創業者でCEOのジェフ・ベゾスは、あるインタビューで、社内の幹部たちにはスライドショーのプレゼンを禁止していると明かした。その代わりに、6ページのナラティブ［箇条書きなどを使わない、普通の語り形式の文］形式のメモをわかりやすい言葉できちんと書くよう指示しているという。その方式は僕もフリーランサーたちとのやり取りで取り入れている。電話で話すよりも明確に伝わるように、自分の要望を書き出すことにしている。前述のフリーランサーに教えられたタスク発注時の情報伝達法も、ギグ・スタイルの一環である。これを機に、僕は自分の考えをきちんと書き記して伝えるという新しい方法を学んだ。これにより、ミーティングや打ち合わせを避け、相手の時間を尊重し、より迅速に仕事を進めることが可能になった。

以下は、僕が時間を取り戻し、仕事の仕方を改革するためにやると決めた五つの事柄だ。

1. 時間を設けてまで会議をする必要があるかを確かめる。まずチームで話し合って、本当に会議が必要かどうかを決める。会議を設定する前に必ず、わざわざ時間を設ける必要が本当にあるか、別の方法で同じ成果を得られないだろうかと聞く。僕はギグ・スタイルを実践するようになってから、自然と、目標を小さなタスクに分解する癖がついた。このタスク化は、会議の因習になじまない。みんなを会議室に引きずり込まないよう、できる限りの手を尽くしたい。どうしても集まる必要がある場合は、時間を30分に限定し、明確な議題と明確な成果目標を決めて臨む。そして、ジェフ・ベゾスの二つのアドバイスに従う。一つは、ピザ2枚ルール（2枚のピザを分け合えないような大人数の会議はしない）。もう一つは、夕方の会議はしない（午前10時がベスト）というもの。

2．オープンに仕事をする。 ガラス張りの状態で仕事を進め、透明性を高めていきたい。それによって会話が円滑になり、速いペースでイノベーションが起き、質の高いプロジェクトができる。またそのために、自分のプロジェクトベースの仕事をすべてスラックやマイクロソフトチームズに移して、すべてのコミュニケーションを透明でオープンにする。正式な会議をやる前に、コラボレーションツールを活用してアイデアを形成し、計画を書き出すようにする。コラボレーションツール活用の主目的は、創意工夫のペースアップとチームの強化だが、正式な会議を開く必要性を極力下げる役割も果たす。

3．ビジネスチャットツールを活用する。 他者との自然発生的な会話にもっと時間を費やしたい。重要なプロジェクトや個人的に情熱を注いでいること、どうでもいいことのようで実はイノベーションを引き出すような事柄について語り合うのだ。いずれ、スラックやマイクロソフトチームズでも仕事以外のおしゃべりができるようにして、いろいろな人に参加してもらいたい。リンクトインでも、他のソートリーダーとの交流を広げる。出会いや会話の場としてますます利用されているのがリンクトインだ。日常業務の枠組みの外で戦略について議論するなど、生産的なおしゃべりを促していきたい。僕には「小さな領域の外」の人々の多様な考えに触れたり、彼らと交流したりすることがとても重要だ。これまでの経験では、散歩をしたりコーヒーを買いに行ったりしながら戦略の話をするほうが、より生産的で活発な会話につながり、正式な会議をせずにコンセプトを推進するのに役立っている。

4．考えを書き出す。さまざまな戦略やプロジェクトを進めていくにあたり、自分の頭にあることをじっくり考え、書き出す。新事業のイノベーションや現行事業の課題などを、6ページのナラティブ形式の文章にまとめさせるというアマゾンのアプローチはすごいと思う。それには、深い思考とチームの協調と合意が必要になるからだ。そして何より、スライドを使わないのがいい。これまで、誰かに情報をくれとメッセージをするも「電話で話したほうが早い」と言われた経験は信じられないほど多い。仕事を依頼しようとしたフリーランサーに教えられてから、僕は時間をかけて自分の考えをしっかり把握し整理するようになった。考えを書き出すと頭の中が整理され、自分の目標や優先順位、意図することが明確になる。

5．「ノー」と言えるようになる。好奇心が貪欲な僕にとって、最も困難なのは何かを断ること。その理由の一つは、自分が取り残される不安。もう一つは、勉強の機会を逃しているかもしれないという考えだ。これからはもっと時間の使い方に慎重になり、自分が会議で価値を提供できるかどうかをよく考えながら同僚と仕事をしたい。そして自分が価値を提供できない会議は断る。

統計がわれわれに変化を迫っている。ソートリーダーたちも変われと言っている。そしてわれわれ自身も変わりたいと思っている。以上は、僕自身が、時間をもっと効率的に使い、周囲の人々の時間も尊重するために、やろうと決めたことだ。時間は最も貴重で、再生不可能な資源である。そんな資源を、僕は人に力を与え、自分自身が元気を取り戻し、私生活でも仕事でもより多くのことをやり遂げるために、無駄なく使いたいのだ。人生から会議をなくせば、時代に遅れないための学び直しなど、他のタスクをやる時間と余裕が生まれる。

ジョン・ウィンザー「ギグワーカーはマイクロ起業家」

ポール――自分のデフォルトをリセットする目的は、時の移り変わりとともに自分も変化することですが、それをあなた以上に理解している人はなかなかいない。あなたは多くの業界に携わる中で、ギグエコノミーの急速な影響を目の当たりにしてきたのですね。

ジョン――そうですね。広告業界に何十年も携わってきましたが、広告業界もギグエコノミーへの適応と克服を強いられました。私の場合、私生活での活用よりも、広告主たちがデフォルトのリセットをしたことが大きいです。

デジタルテクノロジーの力によってギグワーカーがマイクロ起業家になった様子に、私は畏怖を感じています。一番すごい例の一つが、私の友人ジミー・チンのストーリーです。

彼は登山の世界で、いわゆる「ダートバッグ・クライマー」として知られる存在でした。登山にお金を注ぎ込むために貧乏暮らしをするクライマーのことをそう呼ぶんです。彼はやがて、『ナショナルジオグラフィック』誌の撮影スタッフとして写真や映画を撮るようになり、映画監督と結婚し、3年後には長編ドキュメンタリー映画『フリーソロ』でアカデミー賞を受賞しました。長年、クライミングパートナーを職業にしていた彼の経歴で私が注目するのは、3年のあいだにインスタグラムのフォロワーを1万4000人から300万人に増やした点です。今は、情報の広まり方が昔と違うということです。

かつての情報の拡散は、こんな感じでした。ジミーがオスカーを取ったという情報に『アウトサイド』誌が「そうなのか」と反応する。編集長が「へえ、すごいなあ。ジミーの居場所を探そう。ライターとカメラマンのチームを送り込んで、特集記事を組もうじゃないか」と言う。受賞からこの企画が出るまでに、2〜3カ月が経過しているでしょう。

そして『アウトサイド』誌が「さあ撮影だ。編集だ。このページに掲載する。印刷だ」と動く。そこでさらに2~3カ月かかる。今度は編集長が「ジャガー・ランドローバー社に、記事の横に広告を出してもらおう。その広告なら15万ドルくらい出すだろう」と言いだすでしょう。

『アウトサイド』誌は65万人の読者を持つ一方、インスタグラムでは80万人のフォロワーを持ちます。今はこんなふうに事が運びます。ジミーのオスカー受賞を知ったジャガー・ランドローバー社がジミーに直接電話、あるいは、インスタグラムのダイレクトメッセージを入れてこう持ちかけるのです。

「ジミーさん、うちと一緒に、ちょっとしたバイラルマーケティングをやりませんか?」

ジミーは「いいですよ。おたくの車をジャクソンホール【ワイオミング州の有名なスキーリゾート】に持って来てくれたら、車と一緒に写真を撮ってインスタに2回投稿しますよ、5万ドルで」。今はこのすべてが2日間で完了してしまう。かつてなら、何十人がかりでストーリーの戦略を考え、ストーリーを書き、写真を撮影し、広告を売り、雑誌を印刷したものですが、今は、そうした中間プロセスが全く介在しません。ジャガー・ランドローバー社のブランド担当者が直接ジミーに電話し、ジミーが2枚写真を撮る。そして翌日にはインスタグラムにアップされ、300万人が閲覧します。

従来の雑誌広告よりも、このほうがコスト的に効率良いだけでなく、マーケティング的にもはるかに効果的です。インスタ写真のほうが、広告よりはるかにリアリティがあるし、はるかに多くの人、あるいはファンに響く。要は、より優れたシステムなのです。ですから、あらゆる分野で同じ変化が起きています。今われわれがマーケティング・広告業界で目の当たりにしていること。それは、そうした組織に勤めている人にしてみれば、理解を超えるような認識の変化でしょう。

ポールが意識の転換を提唱していることを、私はとてもうれしく思います。今とても重要なことだからです。

先日私は、コロンビアの人との電話で、ギグエコノミーは定着するか、定着を阻むものは何かについて話していました。そのとき彼が、とても興味深い統計を持ち出したのです。「現在、アメリカには21万5０００本の携帯電話中継塔があり、大手携帯電話会社には、その建設やメンテナンスを行う作業員が何千人と勤めている。５Gがやってくると、中継塔は５５０万本になる。各企業が十分な人数の社員を雇うのは絶対に無理だ」と言うのです。

それでどうなるかというと、すべてをフリーランスワーカーが担うことになる。受注したい人はクラウドソーシングのサイトにログインし、「中継塔を設置する作業をし、認定を受けたい」と入力します。それでいろいろなところへ出向いて小型中継塔を1本1本設置していく。そしてオンラインで報酬を受け取る。そのような状況が間違いなくやってきます。したがって、ポールの教える新たなスキルを身につけた人が勝つのです。

ハンディマンと家

ギグ・スタイルを取り入れようと思うなら、ぶっつけ本番で飛び込むのはお勧めしない。タスク化、適切な任せ方、その他必要とは思いもしなかった隠れた技を学んでから臨んだほうがよい。

まず、あなたの尊敬する人を一人思い浮かべてほしい。アスリート、クリエイティブ系、起業家、どんな職業でもかまわない。その人を頭の中に思い描いて、自分はその人の何をすごいと思っているのか考える。その人の特殊な能力、もって生まれた才能、功績とはどんなものか。次に、その人の人生には、能力が発揮しきれていなかった時期もあったことに目を向けよう。人気小説家スティーブン・キングの人生にも、小説を1本も書けなかった時期が存在した。処女作が売れるまでに多くの年月がかかっている。起業家で著者のティモシー・フェリス［『「週4時間」だけ働く。』で、最小限の仕事で最大限の利益を出す経営理論が話題となった］も一夜にして成功したわけではない。ビル・ゲイツも、乱戦模様の業界で苦労してのし上がった。
こういう名前を見ると大成功している現在のステータスに目が行きがちだが、そこに行きつくまでの苦労もあったのだ。『ビジネスインサイダー』誌には、非常な努力の末に成功を手にした16人を特集した記事が載っていた。ビーナス＆セリーナ・ウィリアムズ姉妹は7歳と8歳の時から、6時起きで朝練に励んだ。ペプシの元CEOインドラ・ヌーイは、寮の夜勤の受付をしながらエール大学で勉強したという。著名な実業家でNBAダラス・マーベリックスのオーナーでもあるマーク・キューバンは、最初の会社の立ち上げから7年間は休暇を取らなかったそうだ。[22]
「一夜の成功」物語では、一歩を踏み出すために新たなスキルの習得に奮闘した、夜中や早朝の必死なエピソードはあまり語られない。僕が言いたいことは、初めから完璧にできなくても諦めなくていいということだ。
ギグ・スタイルを始めた当初の僕もそうだった。毎日午前3時まで、新しいタスクや仕事の依頼に試行錯誤していた。本書の巻末には、僕がフリーランサーにやってもらうことができた100種類のタスクを載せてある。これができるようになるにも、けっこうな時間と訓練を要した。なんだか大変そうだと、敬遠したくなるかもしれない。けれども、僕自身の試行錯誤の結果を本書で学んだあなたは、同じことをしなくて済む。

成功するためには失敗を恐れてはならない。まずやってみて、試行錯誤で学ぶ。大企業の多くが動画や講義で社員に研修させている。僕たちも、新しいスキルの習得というと、つい大きな教室と筆記試験を思い浮かべてしまう。資格を持つ正規の専門家が大声で頭字語や流行のビジネス用語をまくしたてる講義や研修に出て学ぶイメージが強い。

だが新しいスキルは、実は日々の生活で身についていく。地味なプロセスである。例えば、より早い通勤経路、うまい調理方法、自分の好きな曲、嫌いな曲などは、どこかに習いに行くのではなく、実際にやってみて学ぶ。大きなスキルも、そんなふうに学べるのではないだろうか。ビル・ゲイツの有名な言葉に「人は1日でできることを過大評価し、生涯にできることを過小評価する」というのがある。

ギグ・スタイルの概念は、ハンディマン［家周りの修理など、軽い大工仕事を請け負う職業］と家の建設に例えることができる。「自分のデフォルトをリセットする」とは、例えば、自分の業界や会社の中で成長していく方法や学び方、自らを進化させる方法などに関し、これまで自分にとって当たり前だったアプローチを変えるとか、自分の安全領域を再定義することを指す。

もしもハンディマンが家を建てろとオーダーされたら、と考えてみよう。ハンディマンはスキル的には、配管から内外塗装まで幅広い技能を持ち、なんでもこなす。しかし、家1軒を建てるとなると、規模が大きすぎて一人では手に負えない。

さらに、完成期日を指定されたら？　1日に作業できる時間が限られている中、どうやって仕事をやり遂げるか？　それには下請けを起用するしかない。さまざまな作業を手伝ってくれるエキスパートを探す必要がある。

そこで役に立つのがT.I.D.E.メソッドだ。大仕事を任されたハンディマンも、このシンプルなステップに従えば、無事に仕事をやり遂げられる。

まず、家の建設工程をタスク単位に分解する。基礎工事、壁の組み立て、木工事、設備工事、内装工事、外壁工事、そして屋根工事がある。実際はもっと細かい工程に分けられるのだろうが、大まかな流れとして理解してほしい。

第2に、どれが自分でやらなければならない作業か、不要な作業か、後回しにする作業か、他のエキスパートに任せる作業かを決める。ハンディマンもあなたと同じように、仕事に意欲を持っている。この大事なプロジェクトで手柄を立てたいと思っている。だが、すべてを自分の手で行うのは無理なので、専門的な工程は各分野の下請け業者を使う。

第3に、下請けに仕事を依頼する。各業者は、何を、どのように、いつまでに行えばいいのかについて、詳しい指示を受ける。ハンディマンの最終目的がわかるよう、みんなが共通の設計図を見て仕事をする。プロジェクトについてそれぞれが同じ認識を持っているので、みんなで頻繁に集まって決める必要はない。

第4に、ハンディマンがこの建築工程を見直し、適宜改善を加えることで、仕事を進化させる。彼はもはや、ただのハンディマンではない。実地でプロジェクト管理を習得したので、家が建てられる棟梁である。

ハンディマン一人でこの仕事ができたかというと、不可能ではないだろう。ただ、工事期間が長くなり、家で家族と過ごす時間は少なくなり、そのためにストレスが増して、ビジー・トラップに陥っていただろう。

しかし彼は、ギグ・スタイルで、大きなプロジェクトに取り組むためのエキスパートを特定・認識した。そして、フリーランサーを起用することで、自らの能力をスケールし、生活の余裕を得た。

このプロセスにおいて、ハンディマン自身は変わっていない。彼の目標も変わっていない。ただ、仕事に対する考え方を変えただけである。優れた道具箱を揃える鍵は、道具を試すことだ。次に実験を始めよう。

世界があなたの実験室、成功するためにはまず試す

ギグ・スタイルの暮らしを始めたとき、僕はまず、やってみたいパッションプロジェクト

［情熱を注ぐプロジェクト］を選んだ。娘たちと一緒にできることがいいと思い、それであのいちごフェスティバルに行くことになった。次に、いい感じのコンサートチケットを頼んだ。そして旅行のチケットも。そこで考えた。職場でも同じサービスやテクニックを使ったら、自分の生産性はどうなるだろうか。

こういう始め方は大正解だったと思う。家庭生活でのほうが、フリーランサーを使うことに違和感が出にくい。ピザ屋にデリバリーの注文をするというのは当の昔からやっていた。だから、ポストメイツにピザの注文とピックアップを頼むことも違和感なくできる。一発で完結するタスクはビギナーに向いている。次のレベルはプロジェクトの手配だ。

プロジェクトは、発注者側の計画が必要になる。これも小さなことから始めてみよう。試してみようという積極性さえあれば十分だ。

小さく始めるというのは、失敗に対する保険でもある。リスクの低いプロジェクトを選び、実験・失敗・学習・改善を繰り返す。やがて、使うプラットフォームや関わるフリーランサーたちに慣れ、信頼関係ができてくれば、プロジェクトの規模を大きくすることができる。仕事の指示を出す要領や、要望を明確に伝える要領がわかってくると、フリーランサーたちも仕事がしやすくなり、成果物の品質も向上する。

仕事は自分でさばけているとか、業務の内容を（セキュリティや機密情報の問題で）社外の人と共有するわけにいかない人でも、ギグ・スタイルを応用できるプロジェクトは暮らしのあちこちにある。例えば、かねてから考えていた起業のアイデアに関するリサーチだとか、非営利活動の手伝い、副業の管理などにフリーランサーを起用できるだろう。また、ずっと頭の中で温め続けてきたアイデアを誰かに吟味してほしい、といったニーズはないだろうか。

『ハーバード・ビジネス・レビュー』誌は2017年の記事で、企業幹部を含め、誰もが副業を必要としていると述べている。[23] かつて「副業」「バイト」「サイドビジネス」という言葉にはネガティブなイメージがあった。その仕事を軽んじている印象を与える。だが今は、余暇を利用して新たなスキルを学び、視野とネットワークを広げ、不確実な将来に備えるのはほぼ当たり前だ。

悩んでばかりいないで今こそ意識を変え、プロジェクトを選び、着手してみよう。ひどい結末になる前に。学び直すか終わるか、だ。

学び直すか、終わるか

「終わる」というのは過激かもしれない。この話になるとつい熱が入りすぎてしまう。僕はもう何年もギグ・スタイルで生き、それで僕の人生はすっかり変わった。他にも影響を受けた人々を何百人も見てきた。ギグ・スタイルは本当に有効だ。

ただし、それには学び直しが必要だ。これまで学んできたことはまもなく賞味期限を迎える。専門知識は日増しに役立たなくなっている。すばらしい自分であり続けるために、学び成長する時間と余裕が必要なのだ。

アップワークCEOのステファン・カスリエルが言うように、自分の半生のスキルを棚卸しする必要がある。彼はある記事で、自動運転のトラックは近い将来、必ず起こるディスラプションだと指摘している。トラックドライバーをしている人は、今すぐ学び直す必要がある。だが、将来への備えというのは、自分の職業がなくなるケースばかりが対象ではない。

2010年を振り返ってみれば、ソーシャルメディア・マネジャーやユーチューブ・クリエイター、アプリ開発者という仕事は存在しなかった。でもその後、iOS向けとAndroid向けだけで、合計1000万のアプリが開発されている。ウーバーのモバイルアプリがリリースされたのは2011年だが、現在アメリカに40万人のドライバーがいて、ユーザーは全世界で1億1000万人に上る。2025年にはさまざまな業界で、10万人のドローン操縦者が活躍し、今のわれわれには想像もつかないようなサービスを提供するという。

こうした数字にはわくわくする。とても楽しみな将来であり、それに向けたスキルは既に存在している。ギグ・スタイルの実践によって学ぶことが、前途における困難への備えになるだろう。米国労働省によると、アメリカ人の平均勤続年数はわずか4・2年だそうだ。ならば、自分がいかにして成果を残せるかを気にするよりも、さまざまな仕事の機会を楽しもう。

自分がビジー・トラップに陥っていた状況はまだ記憶に新しい。朝起きた瞬間から大きなストレスを感じていた。できるだけ娘たちと時間を過ごそうとしたが、たいていは、行ってくるねとキスをして、会議に急ぐのが日常だった。そうでない日は、会議の準備で時間前出勤だ。何も進展がない気がした。受信ボックスに山ほどたまったメールは全然減らない。ともかく忙しすぎた。

考える時間もなければ、アタックプランを練る余裕もなかった。さらに悪いことに、日常業務に追われて、持っていたアイデアをすべて棚上げしなくてはならなかった。ギグエコノミーに関する本を書き、僕がこの目で見たあらゆる業界で起きている変化を伝えたいと思っていたが、そんな時間はどこにあるのか？　だが、考えれば考えるほど、その構想に時間を費やせば、よりよい働き方・生き方を学べそうな気がしてきた。自分の会社と顧客のためにもなる方法が学べるのではないかと。

僕は晴天のある日、自宅のオフィスで窓の外を眺めながら、ふと考えた。娘たちがもう少し大きくなったら、どんな生活になるのだろう？　クラブ活動のスポーツ試合があっても、僕はきっと、プレゼンの準備やら会議やらで常に時間に追われ、見に行けないだろう。

それは死だ。まるで死の予行演習をするようなもの。そして悲惨だ。

学び直しが必要だ。学び直しには余裕も必要だ。余裕を得るためには、生活を変えなければならない。自分のデフォルトをリセットする必要がある。

僕は、休みが必要なあのシングルマザーが見せた顔が忘れられない。彼女は、ギグ・スタイルの活用によってたった数分で何ができるかを知り、目を輝かせた。その瞬間、僕の目の前で彼女の生活が変わった。彼女は一瞬で可能性を見いだし、余裕を見いだした。

今度はあなたの番である。

T.I.D.E.メソッド

4

「わが社にとっての絶好の機会は、その多くが必要に迫られて生じた」

――サム・ウォルトン（ウォルマート創業者）

ヘンリー・フォードと組み立てラインの話を知っているだろうか。詳細はともかく、結末は広く知られている。フォードの「モデルT（T型フォード）」［近代的な大量生産方式を全工程に適用して製造された史上初の自動車］は、速く大量に生産することが可能になったため、市場にあふれ、史上最多量産車の一つとなった。それと同時に、職場とは9時から5時まで働くところである、という概念を確立したのもフォードである。

産業革命というと、新たに登場した技術や、新たに生まれた産業だけに目が向けられがちだ。世界の大転換によってもたらされた、すばらしい意識の変化についての講釈はめったに聞かない。だが実際、いかなる種類の革命も、人々が考え方を変えることなくして起こり得ない。ヘンリー・フォードは、現状すなわち彼にとってのデフォルトを見て、何かを変えなければいけないと気づいたのだ。

その取り組みは「モデルN（N型フォード）」のときから始まった。当初、モデルNの生産台数は1日2台だった。作業員が各工程で部品を大型設計図の上に並べ、組み立てていた。そのため、車が完成するまで、一か所にたくさんの異なる部品を運び込んだり運び去ったりする必要があった。これを非効率だと認識したフォードは、車体を台車に乗せて、生産ラインの端から端まで移動させてみた。すべての部品を工程順にあらかじめ配置し、その場所を車体が通った際に取り付けるのだ。

だが、それでもまだモデルNを1台組み立てるのに12時間かかった。一人の熟練工が、全工程を覚えて、さまざまな作業をこなさなければならなかった。そこでフォードは、新車のモデルTの製造から、全工程を84の具体的な工程に分け、その各工程を一人の作業員が担当するよう、その工程だけを訓練した。作業員を、一つのタスクを専門的に行うエキスパートにしたのである。

フォードはさらに、動作研究の専門家を迎え入れた。どうすれば物体や人を効率的に動かすことができるかを研究する専門家だ。彼は、各工程ができるだけ短時間で行われるような組み立てラインを設計した。フォードはそれと並行して、モデルTの部品を均一かつ大量に内製するための、大規模な機械を製造した。

1分間に6フィート［約180センチ］動くベルトコンベアによって、モデルTの組み立てが完成する時間はたった2時間半に短縮された。この組み立てラインは、それ自体が革命であり、すべてを変えた。

ヘンリー・フォードの功績は、現代のリブート［再起動、仕切り直し］の先駆けだったといえる。フォードシステムの確立からは、ギグ・スタイルに必要なすべてが学べる。

次は、T.I.D.E.メソッドを詳しく見ていこう。本章では、アドバイザーとして招いた諸分野のソートリーダーと僕が、T.I.D.E.メソッドにおけるタスク化、特定・認識、委託、進化の方法を伝授する。これらは、知識とデジタル作業に関する現代のシステムではあるが、ヘンリー・フォードが組み立てラインを開発した際に踏んだステップと共通している。

フォードはまず、モデルTの組み立てを84の工程に分解した。僕があなたに車を作れと言ったら、それは不可能ではない。自宅の裏庭でやっている人も少なくない。だが、あなたはおそらく、作り方の説明書が欲しいと言うだろう。それで僕が渡した紙に「ステップ1：車を作る」と書いてあったらどうするか。どこから手をつけてよいかわからないはずだ。

しかし、各工程での説明がある84ページの冊子を渡せば、対処可能なゴールに見えてこないだろうか。「象を食べるのなら一口ずつ」という、クレイトン・エイブラムス・ジュニア陸軍参謀長の名言がある。複雑なプロセスも、シンプルな工程に分解すればわかりやすくなる。それが「タスク化」である。

工程を細分化したフォードは、次にエキスパートたちを特定・認識した。従業員に各工程を割り当て、専門家を迎え入れてそのプロセスを監修させた。この各工程における動作の効率化こそが、生産効率改善の鍵だった。これが「特定・認識」である。適切なエキスパートや専門家を起用する作業と、自分自身で行いたい作業を選別する。

ここからは、ギグ・スタイルのシステムの中で、自分がどのように進化できるか考えてみよう。

システムが一通り確立されると、フォードは仕事を従業員らに任せた。100万台のモデルTが組み上がる様子を彼自身がずっと監視したわけではない。責任者を配置し、期待・要望を伝え、製造工程のコントロールを彼らに任せたのだ。これは多くの人にとって、最も難しい部分だ。仕事の委任や権限委譲には、明確なコミュニケーション、手引き、信頼が必要になる。

そして最後のステップ。すべてを進展させたヘンリー・フォードは、進化した。彼は、据え置き方式に時間がかかりすぎると判断すれば、車体を台車に乗せた。それでもまだ遅ければ、自動搬送装置を作った。部品製作に時間がかかりすぎれば、均一な部品が速く作れる機械を開発した。改善すべき箇所を特定・認識してはどんどん改善していったのだ。ただし、進化は一筋縄ではいかず、失敗を受け入れ、そこから学ぶ必要がある。

学び続けることを厭わない態度が重要だ。研究者のキャロル・ドウェックは、そうした思考態度の有無を「成長型マインドセット」「固定型マインドセット」と名づけた。固定型マインドセットの人は、自分の才能や知的能力は持って生まれたものだから、変えることや一定以上に伸ばすことはできないと信じる。成長型マインドセットの人は、スキルは時とともに伸びるものであり、努力すれば能力を向上させ続けることができると理解している。この概念を進化という概念と組み合わせてみると、自分のポテンシャルは自分自身が立ち止まらない限り、拡大し続けることに気づくだろう。

1913年に組み立てラインを導入したヘンリー・フォードは、1924年には1000万台目のモデルTが出荷されるのを見守った。彼は自らの意識を変えたことによって、自分自身と会社が、競合他社をしのぎ、有用であり続け、今日にまで残る成果を生み出した。古い手法を捨て、新しい方式を考え出し、成功するやり方を社内に浸透させた。

T・I・D・E・メソッドの実践

誰もがやりたいタスクのリストを持っている。僕の友人で、それを「SHOULDリスト」と呼んでいる人がいる。時間と余裕があったら「やるべき」ことを、そう呼んでいるのだ。だが「SHOULD」は、友人の家庭ではネガティブな言葉になってしまった。「SHOULD＝どうせできない」という認識が定着していたからだ。そこで友人はその考えを変えた。まず、ホワイトボードに「SHOULDリスト」と書き、家族として、また個人として取り組みたい家周りの用事を挙げていった。そして「SHOULD」を傍線で消し、代わりに「Will（やる）」に変えたのだ。

意識の変更は第1ステップだ。「いつかやる」を「今日着手する」に書き換えるのは、スイッチの切り替え同然に簡単だ。しかし、作業する時間をつくってタスクを実行するのは、少々の努力を要する。そこで友人は、一つ一つのSHOULDタスクに期日を設けた。そして、個々や家族が自らの手でできない、あるいは時間がないことは、フリーランスに依頼することにしたのだ。「やる」が無理なら「やってもらう」。必ずしも自分の手でやる必要はないとしたのだ。

僕は、シンプルなタスクにフリーランサーを起用すれば自分の生活に余裕が生まれ、自分個人のSHOULDリストに専念できると知った。

ギグ・スタイル1年目の僕は、新しいおもちゃを手にした子どものようだった。毎日、朝起きて下へ降りると、新しい個人のプロジェクトをスタートさせた。フリーランサーを起用するようになって活力を取り戻した。新しいコンテンツや記事、ウェブサイトを作成し、日々のやることリストは人に任せた。その過程で、言葉の使い方や表現方法、要望を簡潔に説明する方法、プロジェクトに適した人を見つける方法などが自然と身についた。

僕はある日、ポッドキャスト番組を持ちたいと思い立った。以前の自分なら、どこから手をつけてよいかさっぱりわからなかったと思う。その関連領域の広さを考えただけで、怖気づいてしまっただろう。以前は目標を心に描くことはできても、プロジェクトを単発のとてつもなく大きな飛躍と捉えていた。つまり、「ステップ1：ポッドキャストを制作する」と考えるのが常だったのだ。それでは「ステップ1：車を作る」という指示と同じである。

だがギグ・スタイルを始めていた僕は、ひるむ代わりに、新たな秘密兵器を頼った。エキスパートに相談したのだ。クラリティfmというサイトでは、ポッドキャスト制作のエキスパートを見つけ、多くの時間を節約してもらった。直接聞かなければ、機器からプロセスまで、あらゆるノウハウを自力でネット検索するのに何時間もかかっただろう。また別のサイトでは、毎回の台本作りを手伝ってくれる複数のライターを見つけた。さらに別のサイトでは、インタビューを編集してくれるサウンドエディターを起用した。たった数週間で、僕のプロジェクトをデザインする人々の集団が出来上がった。

それによっていったいどのくらいの時間が節約できたかは、すぐには伝わらないだろう。以前なら、まずインターネットでの調べものに数時間かけていた。いくつかのキーワードを入力してみて、運良くよいサイトが見つかったとして、多くの新しいスキルを独学で学ばなければならない。その他にも、番組で取り上げるテーマのリサーチ、台本づくり、新しいソフトウェアの使用方法の学習、オーディオ技術関係のいろいろなハードウェアの知識習得などに多くの時間がかかる。

クラウドソーシングを使いこなせるようになるまで、ある程度の試行錯誤は繰り返したが、効率性の向上が認識できた。生産性を向上させるために自動車工場の様子を観察したヘンリー・フォードのように、僕もエキスパートのネットワークのうまくいっていない部分を突き止めた。やがて僕のポッドキャストは、フォードの組み立てラインのように稼働するようになった。目標を達成するため、そして自分の専門に専念する余裕を得るための手助けが得られるようになった。

数カ月経つと、ギグ・スタイルが急にうまく回り出した。この新たな意識を実現させるシステムの基礎が固まったのだ。僕は、フライトの予約からプレゼンの調べものまで、あらゆることを、オンラインのさまざまなフリーランサー市場を介して行うようになった。自分の知っている、信頼できるフリーランサーのネットワークができ、便利なツールやエキスパートにアクセスできるサイトのレパートリーも増えた。同時に、フリーランサーたちとの互いの信頼関係も出来上がってきた。この人となら効率的に仕事ができる、という信頼である。一緒にテーブルを囲み、スライドショーのプレゼンをあくびしながら見たりしなくても、そうした信頼関係が築けた。

フリーランサーとのプロジェクトが増えるごとに僕の要領も向上し、ギグエコノミーを活用するという考え方も自分の中に定着してきた。1日の仕事の出来高は実際に増えているのに、余暇も増えていた。ギグエコノミーの活用によって、自分の時間を取り戻したのだ。制作のチームと丸1日過ごし、サイドプロジェクトも行い、同時にいろいろなクラウドソーシングを試しているというのに、家族と過ごす時間がつくれていた。何年も訓練を重ねた甲斐があった。

まもなく、僕のこの新しいライフスタイルに、「ギグ・スタイル」という名前がついた。僕は何をすればよいか、どうすればよいかをすっかり心得ていた。毎日、自分の手順の見直しを繰り返してきたが、ふと、それらが四つの簡単なステップに集約できることに気づいた。簡単というのは語弊があって、「わかりやすい」というべきだろう。オバマ大統領の机に飾られていた言葉のように、「難しいことはやるのが難しい」のだ。僕の考え方にしたがって手順を理解したければ、懸命な努力をする覚悟が必要だ。

でも、僕が実際に試して得た多くの知識を、あなたに伝授したい。毎日新しいプロジェクトを依頼し続けた僕は、成功するための4ステップメソッドを見つけた。

当初、僕自身この4段階の手順に気づいていなかった。だが、あるとき同僚に講義を頼まれた。新しいライフスタイル、新しい意識で暮らしていた僕の取り組みを、学生たちと共有してほしいと言われたのだ。僕は、これを手順として人に教える方法など考えたことがなかった。どうしたら授業として価値のあるものにできるか。

僕はホワイトボードに考えを書き出していった。画像を貼りつけたり、さまざまな概念を線で結んだりしてみた。その姿はまるで風変わりな学者さながらだったと思う。まるで『ビューティフル・マインド』［実在の天才数学者の半生を描く物語］のワンシーンのように。すると突然、すべてがかみ合い、まとまって、シンプルなメソッドとして成り立っていることに気づいた。知らず知らずのうちに実践していたT．I．D．E．メソッド――Taskify（タスク化する）、Identify（特定・認識する）、Delegate（任せる）、Evolve（進化する）である。

タスク化

ヘンリー・フォードは、モデルTの組み立てプロセスを84の工程に細分化した。各工程は非常に特化した作業であるため、フォードは一人の従業員を各工程専門のエキスパートにした。ぜひそれを実践してほしい。

さらに大事なのは、目的意識を持つことだ。このメソッドはすべて成果を出すためのもの。フリーランサーへの依頼は、自分のよく知る小さなことから始めよう。例えば、家族との楽しいレジャーに関わることなど。それならかなりシンプルなリクエストだ。時間がたっぷりあるなら数時間で簡単にできるが、なかなかその時間を捻出できないようなタスクがいい。

生活はタスクでできている。ひと言で「出勤の支度をする」といっても、実際には布団から出て、歯を磨き、シャワーを浴び、着替え、朝食を作り、職場に運転していく、という一つ一つ異なるタスクだ。

仕事も同様で、「プレゼンテーション」は独立したタスクではない。僕の場合、まずリサーチし、概要を書き、データやグラフを入手する。そしてさまざまなプロジェクトを進めている人々から進捗状況を聞き、彼らからのフィードバックをまとめる。こうした個々のタスクを、最終結果につなげるべく行うのだ。

僕はウェブサイトを始めようとしたら、その目標に向けたタスクが五〜六、いや七つくらい存在することに気づいた。サイト構造の設計、コンテンツ、サイトの管理、データ入力、プログラミング、フロントエンド［ウェブサービスのユーザーが見たり操作したりする部分の作成］とバックエンド［サイトの機能やシステムの構築］、記事の執筆などだ。これらすべてを一個人に丸投げすることも可能だが、それでは時間の節約にはならない。それより何より、一人がこれらすべての領域におけるエキスパートであるはずがないので、最高の品質が得られない。

タスク化とは、プロジェクトの目標を一連の工程に細分化することだ。もっと具体的にいうと、1分野のエキスパートに任せられるレベルまで分解するのだ。ヘンリー・フォードが、車輪の取り付け、シートの取り付け、ミラーの取り付けなどをすべて分けた理由と同じで、あなたのレストラン探しのリサーチを担当した人が、最適なレジャーを見つけられるかどうかはわからない。

ビジネスでも、ウェブサイトをデザインできる人が、そのサイトで広告収入を得る最適な方法の調べ方や、競合他社との比較調査や、SEO（検索エンジン最適化）に詳しいとは限らない。

自分の最終目的をよく理解していることが、正確なタスク化につながる。

僕は最初の頃、小さなプロジェクトを選んだ。年に1度の健康診断の予約をフリーランサーにやってもらったり、家周りの修理が必要なときは、同じ人に地元のハンディマンを探してもらったりした。また、仕事での大きなプレゼンに取り組んだ際は、リサーチャーやデザイナーを複数集めて、効果的で説得力のあるスライドをつくってもらった。そうしていくうちに手順にも結果にも確信が持てるようになった。雪だるま式に自信がついていったのだ。

要領がつかめてくると、フリーランサーを起用してより高度なタスクに挑戦してみたくなった。ポッドキャストの拡大に集中しようと決めていたので、クラリティfmなどのサイトを活用しておもしろい話題をリサーチした。そうして集めた情報のおかげで、リスナーに魅力あるコンテンツを届けることができた。また、別のフリーランサーには、どこにコンテンツを売り込んで自分のリスナーを発掘すればよいかを見つける手伝いをしてもらった。

僕のノートやトークの台本をもとにSNSでシェアするコンテンツを書く作業も、フリーランサーに頼める。リサーチや画像探し、僕の声とスタイルに合わせたコンテンツの編集もやってくれる。また僕のスケジュールを見て、家族で行くデイヴ・マシューズのコンサートチケットも取ってくれる。娘たちの好物と、うちの冷蔵庫にあるものに基づいて、レシピを探してもらうことも可能だ。5分かけてタスクを発注すれば、何時間もかかる作業をやってもらえるのだ。その価値はけっして軽視できない。

タスク化はまた、「会議抹消」という前章の話題にも関係している。目標をタスクに分解して人に任せようとすると、おのずと簡潔でシンプルな指示を考えなければならなくなる。車を部品ごとに組み立てていく際、複雑性は敵になる。コミュニケーションではなおさらである。会議をする代わりに、現代の「井戸端」空間であるスラックやマイクロソフトチームズで、協働や連携の具体的計画を立てたり、ファイルへのリンクを貼ったり、仕事をリアルタイムで共有したりできる。

モデルTの組立工たちは、車の製造に何十年も携わってきた熟練工ではなかった。モデルTの製造には多くの非熟練労働者も携わっていたので、ヘンリー・フォードはすべてを簡単な言葉で説明できる単位に細分化した。あなたもそれと同様に、フリーランサーのチームに対し、単純明快な指示・説明ができる必要がある。流行りのビジネス用語や専門用語の多用は避け、タスクに関するあなたのニーズと期待事項を伝える。どこからどこまでという範囲もしっかり示そう。

タスク化はリスクコントロールの役割も果たす。ギグ・スタイルを始めたばかりの時期は、従来のやり方に後戻りしやすい。このフリーランサーたちは大丈夫だろうか？　プロジェクトを放棄されたらどうしよう？　こんな複雑なことを頼むのは時期尚早か？　など、いろいろ気になるからだ。だが、一つ一つのタスクが無事完了するのを見守りながら、小さな安心を積み重ねていこう。

タスク化は練習が大事だ。本書ではそのテーマにあえて1章分を割き、諸分野のソートリーダーに語ってもらった。それほど重要なことであり、後ほど紹介する。

達成したい目標があり、それを専門ごとのタスクに細分化したら、次はチームのメンバー探しだ。

特定・認識

ギグエコノミーではエキスパートに簡単に出会える。僕の経験では、エキスパートの供給のほうが需要を上回っている印象だ。オンラインで探せば数分で見つかり、さまざまな形態で仕事を受け付けている。僕は多様な分野のフリーランサーとつき合っているが、みんなその分野のエキスパートである。プランニング、開発、執筆、デザイン、市場調査、ビデオ制作などの分野に、それぞれ信頼できる人々がいる。日々のタスクを、どこへ行って誰に頼めばよいかわかっている。それは、本当に助かることだ。

特定・認識は、プロジェクトに合ったエキスパートを見つけるための非常に重要なステップだ。仕事の内容説明、あなたの日課、仕事をするのにふさわしい属性の候補者が必要になる。

大事なポイントは仕事の範囲だ。フルタイムの社員を雇う場合、多種多様なタスクをすべてやってもらわなければならない。現実的に、どの分野の達人でもないゼネラリストが必要になる。だがフリーランサーを起用する場合はわけが違う。こちらの特定する単一のタスクに長けているだけでいいのだ。

タスク化が第1ステップなのはそのためだ。何を達成する必要があるのか、それがどんな工程に細分化できるのかがわかっていなければ、ふさわしい人材を正しく特定・認識できない。自分の求めるものがはっきりすれば、その特定のタスクを行うことに熟練したエキスパートを見つけることができる。

それは同時に、フリーランサーたちに、それぞれの天才領域を超えた仕事を依頼しないようにせねばならないという意味でもある。フルタイムの社員なら、職務範囲を多少逸脱したことでも頼める。たいていの職務記述書には、最後に「必要に応じたその他の業務」という項目があるので、社員なら頼めるが、フリーランスのエキスパートには頼めない。AとBをやりますという人にCをやらせてはいけない。テレビの修理に配管工を雇わないのと同じだ。

また「特定・認識」には、必要な資料を選び出し、フリーランサーがそれらを使えるようにする準備も含まれる。フリーランサーはあなたの組織に属していないので、渡すことができないソフトウェアがあったりするかもしれない。その場合は、組織文化の事情を説明する必要がある。

フリーランサーは実行者であり、起業家精神をもってプロジェクトを拡大し活性化してくれる存在だ。チーム全体の士気が高まるような活力をプロジェクトにもたらす。それゆえに、ついフリーランサーの能力を超えた仕事を依頼し、貴重な時間を失うような事態も起こりやすい。明確な指示を出し、期待事項を設定することがとても重要なのはそのためだ。

単一のタスクを一人のフリーランサーに頼むなら、仕事の範囲を特定するのは簡単だ。だが、チームで行っている作業の一部をフリーランサーに依頼する場合は、その人に何を任せるか仕事の仕方をはっきりと具体的に示す必要がある。では、どうすれば自分の選んだ人がタスクにふさわしいかを確認できるだろうか。

だいたいどこのクラウドソーシングサイトにも、個々の登録フリーランサーの受注履歴を表示するポートフォリオページがある。そして大半のフリーランサーは、個人のウェブサイトを持ち、そこでもこれまでの仕事を紹介している。これは、作業チームのメンバーを探すときの大きなメリットだ。

正社員への応募者を面接に呼ぶ場合、判断材料となる資料はレジュメ以外に何があるだろうか。面接すれば企業文化への適合性が少しはわかるが、実際の成果物はどうか。社員採用とは賭けである。

その点、フリーランサーが選ばれるには、抜かりない情報を用意しなければならない。そのため多くが、自身のウェブサイトやリファレンス［クライアントが、求職者の信用や実績を第三者からの推薦で確認する手続き、またはその照会先］、格付け評価、オンラインフィードバックなど、十分な情報に基づいた意思決定をしてもらうためのあらゆる判断材料を開示している。よって、彼らもポジティブな体験を求めている。毎回仕事が完了すると、評価がなされ、そこについたコメントを次のクライアントが見る。もしこのようなプロセスがあなたの職場で行われていたら、あなたはタスクの一つ一つに、今よりどのくらいエネルギーを注ぎ込むだろう？

他のすべてのことと同様、フリーランサーのネットワーク構築には時間と試行が必要だ。僕も今の面々に落ち着くまで、何百人ものフリーランサーとつき合った。そして今でも、新しい人に連絡を取ってみることがある。新鮮な視点がプロジェクトをより良くするかもしれないと思うからだ。新しい人を起用すると、新しいアイデアを試すことになり、簡単に多様な考えに触れることができる。

僕には、中西部で不動産企画の仕事をする友人がいる。彼は、ギグエコノミーとこれからの働き方に関する調査を行おうとしていた。それが物理的な職場環境に関係してくるからだ。以前ならば、そうした情報収集はコンサルティング会社に依頼していただろう。膨大な費用と時間がかかり、それでもなお、彼が社内に提示するために必要な、情報の要約が得られるとは限らない。

そこで友人は、3～4人のエキスパートを起用し、短期間でこのテーマを調査した。彼らはこのテーマに詳しく、主眼を置くべきポイントを心得ていた。そのぶん所要時間が短くなり、ひいては全体的な費用も抑えることができた。友人は、幹部らに対して、証拠と基礎調査によってきちんと裏付けられたすばらしいプレゼンを成功させた。何より重要なのは、成果が達成されたことである。最小限の苦労で目標を達成することが、T.I.D.E.メソッドの最重要点なのだ。

難しいことはやるのが難しい。すぐに適切な人材を見極められるようになるものではないので、努力と試行錯誤を続け、自分の直感を信じること。タスクを細分化し、チームに迎えるフリーランサーを選んだら、いよいよ仕事をしてもらおう。

委託

T.I.D.E.メソッド最大の難関がここだ。タスクを細分化するのは慣れれば楽にできるようになるが、エキスパートの特定・認識は試行を繰り返すのみだ。人に仕事を任せるのは難しいが、ぜひ挑戦してほしい。

カナダのコンプビジョンのCEO、ライアン・ベッビーの見事なエピソードを紹介したい。彼のチームが突如、非常に大きな販売の機会を得て、1週間でセールスプレゼンの準備をすることになった。数百万ドルがかかっている。

大事なプレゼンを金曜に控えた月曜のことだった。彼のチームはみんなで売り込み用のスライドを確認した。しかしスライドはどうにもまとまりが悪く、プロフェッショナルらしい洗練さに欠けていた。彼らは他のプレゼンで使ったスライドをつなぎ合わせ、フランケンシュタインのような代物にできるだけの編集を加えようとした。

ライアンは手助けが必要と考え、プレゼン資料の流れと構成を改善するために、フリーランスのデザイナーを起用した。プロフェッショナルなビジュアルにしたい、そして、全体にもっと狙いの定まったストーリーをもたせたい、といった具体的な指示を出した。木曜日にフリーランサーから納品されたスライドにチームは驚いた。

ストーリーがよくなっただけでなく、事業と相手に伝えたいポイントがより的確に表現されていた。金曜日に無事プレゼンを終えたチームは、その内容に自信と誇りを感じていた。スライドにはすべての情報が提示され、さらにフリーランサーの手によって視覚的にもインパクトのあるものになっていた。コンプビジョンのチームは、契約を取ることに成功した。

ライアンは、社内のチームにはいない、専門知識のある人材を必要としていた。幸いにも、彼はフリーランスのデザイナーと仕事をすることに慣れていたため、程よい指揮とコミュニケーションで要望通りの成果物を手にした。以後ライアンは、全社的なクラウドソーシングの導入を進め、新しい仕事の進め方を社内で推進している。

ギグ・スタイルを実践していると、リーダーシップをとることになる。小さなチームと協働し、その成功を後押しする。妙な感じである。もともと管理職だから慣れていると思う人もいるだろうが、フリーランサーに仕事を任せるというのは、職場の部下に任せるのとは全くわけが違う。

一つは、フリーランサーとは毎日顔を合わせない点だ。すべてが同時進行する。通常の職場なら、作業をする部下のところに立ち寄ってチェックできる。プロジェクトの進捗状況を軽く聞いたり、ひと言メッセージを渡したり、間違いを直したりできる。そして――ゾッとするが――会議を招集することも。

一方、フリーランサーはあなたに示された期日を守るべく作業を進めるが、時間配分は個人の自由だ。それはフリーランスの最大のメリットの一つだろう。やみくもな会議もなければ、細かいことまでコントロールする上司もいない。また、社内政治に煩わされることもない。誰が手柄をとるか、誰の主張が通るか、誰が利口かといった争いがない。自分が優位な立場ならいいが、振り回されるほうだったらたまったものではない。

さて、人にうまく仕事を任せるには一定のスキルが必要だ。具体的には以下のような能力である。

1. 自分の最終目的を明確に伝える。
2. 進捗を判断するための管理手法と中間目標を設定する。
3. シンプルな進捗の報告や確認の手順を確立する。
4. 何より、信頼する。

信頼が鍵となる。信頼できるか否かで、あなたが自分の時間を取り戻せるか、あるいはそれをすべてプロジェクトの心配に費やすかが決まる。

T.I.D.E.の前半は比較的簡単だ。タスクを細分化し、エキスパートのフリーランサーを選び、彼らに作業を開始させた。僕が、常に目的を意識しろとしつこく繰り返すのは、プロジェクトを最終的にどうしたいのかを自分自身がわかっていて、それをフリーランサーたちに伝えてあれば、彼らに毎日連絡を取らなくても大丈夫だからだ。

前章で例えに使ったハンディマンを思い出してほしい。彼に「この部屋をブルーのペンキで塗ってほしい」とオーダーした後、毎日進捗を確認する必要があるだろうか？　そばにいなければ、目標がわからなくなってしまうことはあるだろうか？

目標は明確に伝える必要がある。何をもって成功とするのかという基準を設定し、あなたがいなくてもチームが仕事を進められるようにする。自分の時間を取り戻すとはそういうことだ。あなたがいなくても、あなたの構想が引き継がれることを意味する。

管理手法と中間目標の設定は、細かすぎる管理を回避するためのもう一つの方法だ。ハンディマンには「壁を2面塗り終えたら、メールで知らせてほしい」と言おう。そうすれば、フリーランサーを邪魔したり余計な時間を費やしたりせずに、プロジェクトの進み具合を判断できる。自動のプロセスになる。コンピューターにソフトウェアをインストールしている最中、画面のプログレスバーが進行状況を表示するのと同じだ。その裏で、さまざまなことが進行しているが、あなたが気にするのは残りの所要時間だけだ。

しかし、信頼がなければ元も子もない。もしあなたが、生まれつき細かな管理をする性格なら、信頼するのが難しいかもしれない。スポーツ用品メーカーのアンダーアーマーCEOであるケビン・プランクがこんなことを言っている。「信頼は、一滴ずつしか得られないが、失うときはバケツ単位だ」。フリーランサーの人となりもわからないのに、大事なタスクを任せていいのか、という疑問を持つ人が多い。

　では聞くが、あなたはこの前乗ったウーバーのドライバーをどの程度信頼していたのか？　ポストメイツの配達員は？　帰省のチケットを頼んだオンラインアシスタントは？　幅広い領域でフリーランサーを起用していると、信頼できるようになるものなのだ。タスク化や特定・認識と同様、信頼も経験を重ねるうちに増してくる。プロジェクトをたくさん任せているうちに生まれてくる。長く続き、信頼のおけるネットワークを自分で築くのが重要であり、それは一夜にして成るものではない。

　信頼に関する国際的ソートリーダーのレイチェル・ボッツマンは、TEDトークにおいて、ギグエコノミーは「信頼のエコノミー」だと説いた。[24]彼女は、信頼とは、知らない人を信じられる関係性と定義する。人は「勇気ある信頼」が割と得意であるというのだ。保証はないがとりあえず思い切って信じてみる態度が、ギグエコノミー台頭の根底にあると。

「クレジットカード情報を初めてウェブサイトに入力したときのことを覚えていますか？　あれこそが勇気ある信頼です。私にはとても印象的な記憶があるんです。ネットオークションのイーベイで、中古のネイビーブルーのプジョーを買いたいと父に言うと、父にもっともな指摘をされました。『インビジブル・ウィザード［見えない魔術師］』と名乗るセラーからそんな買い物をするのはどうかと」。

レイチェルは、ギグエコノミーという新たなパラダイムが、実世界でのわれわれの行動を変え、それがみんなに浸透し始めていると考える。「私は、ホテルの部屋をチェックアウトするとき、タオルをきちんとかけたりはしません。でもエアビーアンドビーを利用するときは、絶対きちんと整えます。なぜかというと、エアビーアンドビーでは、ゲストもホストに評価され、その利用履歴が将来の取引に影響するだろうとわかっているからです」。信頼とは、リイーベイでビートルズの中古アルバムを買うためにカード情報を打ち込むことであり、リサーチャーの数時間の作業を購入し大事なプロジェクトに使うことであり、職場のプロジェクトの助っ人ネットワークを構築することである。フリーランサーたちを信頼できるようになってくると、自信をもって前に進めるようになる。

また、信頼が高まってくると、フリーランサーについての不確実性も払拭される。信頼に値しないのではないかとか、作業品質が悪いのではないか、コミュニケーションが苦手なのではないか、と心配する人が多いと思う。僕もよいことばかりと言うつもりはない。確かに課題はある。しかし僕の場合は、ポジティブな経験のほうが、ネガティブな体験をはるかに上回る。

フリーランサーはあらゆる規模のプロジェクトで、繰り返し成果をもたらしてくれている。あなたも試行を十分に経験すれば、自分の調子がつかめてくるはずだ。ギグ・スタイルが完全に自分のものになるだろう。そして勢いに乗ったら、いよいよ進化の時だ。

進化

トヨタは、すばらしい品質保証システムを持っている。僕は、もうずっとトヨタに乗っている。19年乗った4ランナーが大のお気に入りだったことから、企業としてのトヨタを知ってみたいと思った。自動車業界の他社と何が違うのかを調べようとしたのだ。

トヨタの工場では、全員が品質保証マネジャーだ。ラインの作業員全員が、品質に疑問を感じたらラインを止められることになっている。生産ラインをたとえ1時間でも止めた場合のコストを考えると信じがたいが、同社はそのくらい従業員に信頼を置いているのだ。

そのような信頼は、一夜にして生まれるものではない。トヨタは長い年月をかけて成長した。新たなプロセスを考え出しては、試行、改善を重ね、進化してきたのだ。

それと同様に、僕もフリーランサーのチームを協働者と見なしている。プロジェクトの最中に、その中の誰かが品質への懸念を抱けば、いつでも待ったをかけられる環境をつくっている。提案にも反対意見にも耳を傾け、最終生産物に部分的な責任を負わせている。これも最初からできたわけではない。僕自身が学び成長しなければならなかった。

エキスパートからのフィードバックを僕自身から求める環境をつくる必要があった。プロセスをよくしたいという意識が彼らからも感じられたので、最初からフィードバックやアイデアを受け付けることにしたのだ。彼らをエキスパートとして扱わないのであれば、そもそもエキスパートを起用する意味がないのではないかと思う。

彼らからのアイデアが新たなリサーチにつながり、そこからさらに新しいアイデアが生まれた。とても良い相互循環関係だ。僕はそれに負けじとリサーチャーを起用して、情報集めと、それを読みやすくまとめる作業を任せた。そしてそれを基に、プロのデザイナーにプレゼン資料を作成してもらい、調査結果が説得力のある主張に落とし込まれた。さらに、みんなの望む成果に近づくよう、エディターが表現に磨きをかけた。これらをすべて任せたおかげで、僕はその時間を使って複数のアイデアを組み合わせ、より大きなことを考え、早く成長することができた。

そのとき気づいた。僕はもはやパイロットではなく管制官、もしくはオーケストラの指揮者、アーティストのチームを率いるクリエイティブディレクターなのだと。ついに流れに乗ったのだ。

ギグ・スタイルは、いまだかつてない変化、いまだかつてない可能性、生産性の激増をもたらす。それが、ほんのシンプルな意識の転換から始まる。飛行機を操縦する人ではなく、多分野の操縦士たちを管理する立場になるのだ。そして、開発のある段階で取り入れたアイデアを別の段階に昇華させる役目を果たす。

あなたはすべてのことのエキスパートである必要はない。エキスパートに来てもらえばいい。もちろん、成果を実らせる種となるアイデアや構想は必須だ。まず目的を持っていなければならない。そして、それを達成するためにどんなタスクが必要かを把握し、エキスパートを選び、作業を委託する。そこまではあなたの仕事だが、アイデアの実現はすばらしいフリーランサーにお任せだ。もう「SHOULDリスト」の完了を阻むものなどない。あなたのパッションプロジェクトも実現する！

友人とのディナーで、こんな言葉を何度も聞いたり言ったりしていないだろうか。「そのアイデアは私も1年前に考えたが、どうすればいいのかわからなかった」。

アイデアを持っていることと価値をもたらすこととの違いは、実行するかしないかだ。頭の中にあるのだったら、実現するのは意外に容易かもしれない。それがギグ・スタイル。それがT.I.D.E.メソッドだ。

ウェブサイトの立ち上げやエキスパートのチームづくりは、たった数年前と比べても安くできるようになった。数年前の会社員時代は、どんな動きをするにも組織全体を説得しなければならなかった。インフラと、人材プールと、資金が必要で、チームのメンバーを探すにも、まず人材会社に依頼しなければならなかった。だが今は、エキスパートに直接アプローチできる。かかる時間が大幅に短くなり、効率性も大幅にアップし、結果を自分の手でコントロールしやすくなった。

僕はとても少ない予算で、アイデアの熱が冷める前にすばやく動くことができた。迅速な試行を重ねる過程で工夫が生まれ、拡大するネットワークのエキスパートたちとの信頼関係も構築できた。僕には、これらすべてが実地による学び直しとなった。

この考えを大企業も取り入れ始めているのは、僕にとって幸運なことだ。大企業が「もっと迅速に動くにはどうすればいいか？　目的意識の高いわが社の社員の知力を生かし、顧客に最大限の可能性をもたらすには？」と考え始めている。大きな船もこの方向に舵を切ろうとしているのだから、あなたやあなたの会社にできないはずはない。

僕の考えたギグ・スタイルの取扱説明書であるT.I.D.E.メソッドは、一見シンプルだ。四つの簡単なステップからなり、誰にでもできる。だが成功するためには毎日の意識的な訓練が必要だ。これをあなたのニューノーマルにするのだ。本書前半で、僕がデフォルトのリセットを口うるさく勧めたのにはわけがある。これまでと変わらないあなたに、こうしたことが実行できるだろうか？

ピューリッツァー賞を受賞したジャーナリスト、トーマス・フリードマンが書いた『フラット化する世界』という本がある。その中で彼は、ハードウェアが安くつながるようになったことで、世界の競技場がフラットになっていると説く。かつては、インド――または国内の遠隔地――にある企業を起用する場合には、対面の会議に出席したり、大きな契約を結んだりする必要があった。だが今では、僕のフリーランスチームに世界中の人々がいる。

次の数章はいよいよ肝心な部分だ。僕の集めたエキスパートやCEO、ソートリーダーでなるアドバイザーたちにも登場してもらう。自らの体験談とアドバイスを読者のみなさんと共有してくれた彼らには、とても感謝している。次章では、僕の中のヘンリー・フォードに出てきてもらい、組み立てラインを思い描いてタスクを細分化する。T.I.D.E.メソッドを試す時が来た。

タスク化する

［Taskify］

5

「成功には、才能も、先見の明も、大卒資格もいらない。必要なのは、構想と夢だけだ」

――マイケル・デル（デル創業者）

僕の1週間を紹介したい。オンラインアシスタントに、年に1度の健康診断の予約と、眼科の予約をしてもらった。庭のスプリンクラーの開栓を業者に頼むのも任せた。家族連れでデイヴ・マシューズのコンサートに行きたかったので、僕のスケジュールを見ながらチケットを購入してもらった。

最近、水道管の水漏れがあったときは、水道会社に見に来てもらう必要があったが、その連絡もオンラインアシスタントに頼んだ。またエアコンが故障したときも、空調設備業者の検索から、見積もり請求、最適業者の特定・認識、予約までをすべて任せた。会社の上層部に新しいアイデアをプレゼンしなければならなかった際は、フリーランサーのネットワークを活用して、効果的なプレゼン資料をデザインしてもらった。すばらしいインタビューが取れてリンクトインに投稿しようと思ったときも、プロのライターやエディターに手伝ってもらい、魅力的な記事に仕上げることができた。

タスク化でここまでのことができるのだ。僕がよそに電話することなどめったになくなった。たまに人に電話したり、折り返し電話を待ったりする必要が生じると、久しぶりで違和感がある。僕がこの1年半で利用した電話代行サービスは、465回にのぼる。

毎回のディナーの予約、家周りの修理から苔の除去まで、すべてオンラインアシスタントに任せている。

タスクは、大きなものでも小さなものでも依頼できる。先に挙げたようなタスクはすべて「家事」や「用事」のどちらかに属する。そうしたミッションは絶え間なく生じる。健康診断は毎年必要だし、家は常に維持管理が必要だ。どれも自分でやろうと思えばできるが、それにかかる時間を、もっと大きなプロジェクトに有効活用できるという考えだ。重労働ではないが、時間がかかるので頼む価値がある。また、コストパフォーマンスも高い。例えば、家のリノベーションをしたときは、オンラインアシスタントが複数の業者をあたって見積もりを取ってくれたおかげで工事費を50パーセント以上節約できた。それだけで、アシスタントサービス利用費の数年分の元が取れてしまった。

以上は成功例のほんの一部だ。もちろんＤＩＹが好きな人は、自分の手で修理するのもいいが、楽しくないタスクをエキスパートに任せたら、浮いた時間で自分のやりたいプロジェクトがいくつできるか考えてみよう。

前章では、「タスク化」の概要を説明した。理屈はとても単純で、構想やアイデア、目標、ミッションを、実行可能な工程や分野別のタスクに分解し、作業を開始する。ただ自動車をつくろうとするのではない。板金を打ち抜く、車輪を取り付ける、ドアを取り付ける、といった小さな工程を積み重ねて大きな製品にしていくのだ。

例えば僕は、執筆やポッドキャストでさまざまなテーマを取り上げる。また、以前は会社の会議で現行のプロジェクトについて議論することもあった。どれも非常に興味深いテーマなだけに、僕はそれらについて優れた議論を提供したい。記事を書いたり、ゲストの話を聞いたり、仕事で熱意を示したりするのなら、自分がそのテーマのいわばエキスパートである必要があると思っている。そんなとき、かつてならインターネットをあちこち調べまわり、結局、どこかしらSEOが強いサイトをクリックしていた。だが今は、その分野の実在のエキスパートに連絡を取って、僕を教育する仕事を依頼している。

6時間もすると、数ページにわたるメモや提案など、僕がそのテーマのにわかエキスパートになるための基礎知識が送られてくる。

このメソッドを習得する一番の方法は、実際にやってみることだ。学びたい、あるいは学ぶ必要のある事柄を選んで、調査をフリーランサーに依頼してみよう。1度やれば何度もリピートするようになるだろう。

タスク化でもう一つ大事なのは、自分の能力――そして限界を認識することだ。僕はデザインが苦手。謙遜ではなく本当にデザインができない。もし僕に芸術的感性があると思って雇う人がいたりしたら、残念でしたというしかない。完全にその人の判断ミスだ。しかしそんな僕でも、仕事で製品やプレゼンに優れたデザインが必要になる。僕がリンクトインで公開しているページやツイッター、製品イノベーションを見てもらえばわかるとおり、随所に一流のデザインを使っている。それらはみな、クラウドソーシングで起用したエキスパートや才能あるフリーランサーによる仕事だ。

ではここで、ソートリーダーについての記事を作成するという仕事を一緒にタスク化してみよう。最終目標はリンクトインに投稿する記事だ。これをどのように達成するのか見ていこう。

あるカンファレンスでたくさんの興味深い講演を聴いていて、その中で、あるテーマに特別な関心をそそられたと想定する。僕はまず、講演者——起業家やCEOなど、たいてい興味深い人物——のところへ行き、20分ほどお話を伺えませんかと頼む。このミニインタビューをお願いする方法は、日頃よくやっている。話を携帯電話に録音し、クラウドソーシングのサイトに行って、音声データを文字起こしに出し、その会話に補足情報をつけたりするために、さらなるリサーチをオンラインアシスタントに頼む。

すべての情報が揃ったら、今度はそれらを僕のトーンや語り口を知っているライターに送る（将来のフリーランサーが参照できるよう、僕の文章トーンの統一ガイドラインも作成してもらってある）。

そして別のフリーランサーに、ストーリーに合った画像を入れてもらう。さらに別の人に、テーマについてのさらなるリサーチを頼む。その間僕は、記事が自分の手を離れる前に、目的と流れを整え、自分の期待どおりかチェックする。

そしてリンクトインに投稿し、企業にフリーランサーの起用を始める戦略を教える者として、他のプロフェッショナルたちと交流する。これらすべてにかかった時間は、最初に講演者と話した20分、タスクを発注する際の文章入力で約20分。全部で1時間もかけずに、リサーチまで済ませた記事を完成させ、リンクトインにアップしている。頭の中に最終成果を描き、期待事項を設定し、望む結果を得る、という流れだ。

タスク化はこんなに簡単だ。重要なポイントは、目標を意識し、小さなタスクに細分化すること。

だが本書では、ここにページを割いて説明したい。今度は、ソートリーダーたちがどのようにタスク化を行っているかを聞いてみよう。

マイク・モリス「時間管理とコパイロット（副操縦士）」

ポール―マイクはどのようにタスク化をしていますか？
マイク―トップコーダーでは、タスク化がすべてです。うちのシステムは、目標をタスクに分解してこそ成り立つのです。
ポール―これまでの経験で、あなたの成果の達成に役立った教訓はありますか？　読者に伝えたい極意はありますか？

マイク――一番大事なのは時間管理だといえますね。事業を経営していると、EQ〔心の知能指数〕的な能力を要する仕事、つまり、人との関係や人事に多くの時間と労力を割かれます。われわれの見る限り、その比率を逆転させ、多くのことをIQ的な能力で管理できる業界のほうが、はるかに効率的だと思うのです。そこが、われわれのプラットフォームの成功要因であり、最大のメリットの一つではないかと思っています。つまり、われわれは140万人の個人を管理しているのではなく、プラットフォームのプロセスを管理しているのです。

とはいえ、トップコーダーの登録者140万人のことは、とても大切に思っていますよ。全員のことを一つのコミュニティとして大事にしているのです。そのため、われわれは単に個々の依頼者と受注者をマッチングするのではなく、スケールするためのしっかりしたプロセスや手順の構築に腐心しています。それが大きな成果を生んでいます。

でもこのやり方にはデメリットもあります。われわれトップコーダーは、設立当初からずっと、私を含め、IT畑の人間が大半を占めるチームです。だから何かにつけ、つい物事を複雑にしすぎるきらいがあるんですね。

最初の頃は、こういうふうに機能すべきだ、あそことここは自動生成で、これは実測値、範囲はここからここまで……と、プロセスにこだわりすぎて結局誰も手をつけたがらなかった、なんてこともありました。それで最後に「やれやれループ・ゴールドバーグ・マシン［ピタゴラ装置］の完成だな」なんて言う。それは例えば、電気をつけるというような単純な作業を、わざわざ複雑極まる手順で行うことを意味します。

そこは、常に気をつけなければならない点です。でも注意を心がけるうちに、大きく変われたと思います。ウーバーは個々のドライバーを直接管理しているのではなく、非常に厳密なプロセスを管理している。われわれも自社プラットフォームをそのように扱っています。

われわれが得た教訓の多くは得るべくして得たものですが、偶然学んだこともあります。モデルを構築していた当初、すぐにぶち当たった課題の一つが、人材のスキルセットが人によって大きく異なるということでした。アルゴリズムの達人もいれば、優れたコードを書く達人、コード解読の達人、アート系プログラミングの達人もいる。しかし、すべての領域における達人というのは、本当に、ごくまれだったのです。

トップコーダーのコミュニティには、「コパイロット（副操縦士）」というポジションがあり、競技で優秀な成績をおさめ、コミュニティメンバーとしての実績が認められた人がその資格を得ます。競技に参加し、プロジェクトで仕事をし、高評価を積み重ねてきた人に、コパイロットになってもらうのです。

プロジェクトの運営を手伝ってくれるコパイロットのメインの仕事は、プロジェクトを細分化すること――すなわちタスク化です。30個のレゴブロックでできたプロジェクトを分解していくイメージですね。

それがコパイロットの仕事です。ある仕事を「その結果を出すには10工程が必要だ」というふうにタスク化するのです。

例えば、iPadのアプリをつくるとします。多くの人に使いたいと思ってもらえるよう、直感的に操作でき、美しいデザインのフロントエンドにしなければならない。それから、文字入力が不要なインタラクティブ性が必要だとしましょう。そのためには、バックエンドが機能し、うまく書かれ、サーバーで実行されなくてはならないなど、ソフトウェア開発にはさまざまな要件があります。そして、たくさんの異なるタスクが存在します。

そこでコパイロットはこう言います。「まずは、どんなアプリにするかが問題だ。ワイヤーフレーム［アプリの設計図］が要る。ワイヤーフレームを5パターンくらい募集して、その中からいいのを選ぼう」。そして出題用に作業を分解し「よし、これでコンテストをやろう。これで第1ステップが決まり」となります。

そして、コンテストで寄せられたワイヤーフレームを選定しながら、今度はフロントエンドのデザインのコンテストを開催します。コパイロットは、成果物が直感的に操作でき、美しいものでなければならないこと、また、ブランディングの要件などもすべて把握しています。「フロント画面の仕様はわかっているから、デザインコンテストを開いて、最高のデザイナーたちからアイデアを募ろう。みんなの創造性をかけ合わせれば、すばらしい成果物がつくれる。みな同時進行で進められる」。

こうして二つの工程のコンテストが同時進行で進みます。コパイロットが費やす時間は同じですが、出来高は2倍です。わかっていただけますか？

コパイロットは、これで二つの工程をタスク化し、要件を定義しました。そして「今度は開発工程をタスク化しなくてはならない。アプリの構築に入る」と言います。最初の数工程はバックグラウンドで自動生成されるので、コパイロットはその次の工程を考えています。

次にコパイロットは、五つのスプリント［作りたい機能を小さい単位に分割し、短期間で完成させる。その期間の単位］を行う必要があります。あと5工程です。トップコーダーのプラットフォームでは、コパイロットは同時に5人のフリーランサーを起用して構築を進めることができるのです。構築作業をフリーランサーに依頼しては、戻ってきた成果物をメインツリーに統合する。それが楽にできる環境なのです。そこで継続的な統合が行われています。開発しては統合、開発しては統合、を繰り返します。

それを5回繰り返すと、美しく、意図した役割を果たし、動作するプログラミングができているのです。

さて、タスクの分解をさらに進めましょう。今度はコードの解読を専門とする人たちを探し、コードをテストしてもらいます。テストケース〔テストの項目や作業手順、期待結果をまとめたドキュメント〕の作成、コードの解読、エッジケース〔特殊な使い方をされた場合の処理〕の想定など、さまざまな工程があります。これらのタスクを行うのは、ほとんどがそのタスクのみを専門に行う人たちです。コパイロットは、そうした人たちを取りまとめ、管制官の役割をし、すべての工程が完了して、正しく統合されるのを見届けます。

以上が、トップコーダーでiPadアプリを構築する場合の流れになります。小さな工程への分解、作業のアサイン、委託、管理です。

次は、米医師会のがん専門誌『JAMAオンコロジー』とハーバード・ビジネス・スクールのコラボレーションプロジェクトが、トップコーダーでどのように運営されたかを説明しましょう。同誌の要望は、がん患者のCTスキャンを基に、アルゴリズムをプログラムに落とし込み、がんを検出する専門医の役割をさせたいというものでした。

現在、肺がんの検出は主に病院の専門家によって行われています。肺がんの放射線治療の計画を立てる際、CT検査の画像を放射線腫瘍医や技師に送って、画像の読み取り、精査、そのデータに基づく評価をしてもらう必要があります。

しかしアメリカには、肺がんを検出するそうした専門家がとても少ないのです。画像を読影、分析し、所見を作成できる専門家が一握りしかいません。そこで、そうした一握りの専門家と同等か、それを上回る能力のアルゴリズムを構築できないかという試みが行われました。

そのために、まずはデータを揃えました。さまざまな研究機関と提携したのです。ハーバード・ビジネス・スクールや多くの学者と共に、非常に体系的な実験を計画しました。そしてそのプロセスを、使用するアルゴリズムごとに細分化したのです。読み取る、探す、検出する、というように、異なるタスクごとに分けたのです。

すると、ある問題にぶつかりました。コンピューターが肺結節ではないのに肺結節とみなしてしまうケースです。

人間でも同じ間違いをすることがありますが、コンピューターのほうが鑑別に苦労するようです。そのため、われわれはさらに細かい細分化をすることにしました。非常に複雑な数理問題やアルゴリズムの問題単位に分解したのです。それらをタスク化し、各問題を個別のコンテストとしてコミュニティに掲示して、参加者にアルゴリズムを競ってもらいました。

最終結果はもうすぐ論文として『JAMAオンコロジー』誌に掲載されますが、専門家集団と同等の精度で、CTスキャンの画像から肺がんを検出するアルゴリズムが開発できたのです。

これは、CTスキャン検診の際に誰もが利用できる技術です。少ない専門家に診てもらえる人だけでなく、世界中の人々が利用可能なのです。われわれの開発したアルゴリズムは、検出精度が専門家集団と同等であるだけでなく、これからもどんどん賢くなっていき、学習データが増えるにつれて精度が向上し、いずれはトップクラスの腫瘍医を超えるでしょう。この問題を解いたフリーランサーたちはがんの専門家ではなく、数学のエキスパートです。

われわれは、問題の細分化によって、そうしたエキスパートを見つけることができました。彼らは、並外れた数学的スキルを持つ人たちですが、そのスキルがこのような問題解決に応用されたのです。

ポール――その経験から学び取ったことは?

マイク―古い意識に囚われたままではいけないということです。人は居心地のいい状態にとどまろうとするものです。何かが壊れるまで直そうとはしません。ギグ・スタイルは、そういう傾向を揺るがしてくれます。

われわれには大きな目標と厳格なスケジュールがありました。もしプロジェクトを細分化せず、本気でタスク化を進めなければ、成功できなかったでしょう。

スティーブ・レイダー「クラウドソーシング・コミュニティ」

ポール―NASAがどのようにフリーランサーを起用し、コンテストにタスク化をどう適用しているのか教えてください。

スティーブ―フリーランサーとギグエコノミーの活用に関しては、ポールのほうがNASAよりもはるかに先を行っていますよ。NASAとクラウドソーシング・コミュニティとのつき合いが始まったのは、問題解決のために賞金付きのコンテストを行ったときでした。特定の問題を小さく絞り込んで、賞金を付け、クラウドソーシングで適切な人を探して問題を解決しようとしたのです。

クラウドソーシング・コミュニティで、通常はなかなか見つからないであろう適切なスキルや専門知識が見つかったすばらしいエピソードがいくつもあります。その中の一つをお話ししましょう。当時NASAは、太陽フレア（太陽面爆発現象。フレアが発生するとX線などの電磁波、宇宙放射線、プラズマの超音速流が放出される）の発生を、2時間前までに予測しようとしていました。しかし、発生2時間前にわかったのでは遅いのです。そこでNASAは、宇宙遊泳をする搭乗員の安全を最大化するため、その倍の4時間前に予測する方法を模索していました。

地球の表面にいるわれわれは、通常、磁場によって危険な宇宙放射線から守られています。太陽フレアが地上のわれわれに及ぼす最大の被害は、大概、携帯電話がつながらないといった一時的な障害です。しかし、宇宙遊泳をしようとしている宇宙飛行士にとっては、太陽フレアはとても危険な現象です。特殊な遮蔽材で保護しなければ、太陽フレアによって細胞がダメージを受け、がんの原因にもなる。また宇宙服をコントロールするさまざまな電子機器も影響を受ける可能性があります。

NASAは、太陽フレアの2時間前に発生を検知する、天気予報のような予測モデルを持っていますが、やはりどうしても2時間以上前に予測できる技術が必要です。船外活動をしている最中に警報が出た場合、道具をしまう、宇宙ステーションに戻る、エアロック［二重の機密扉］を再加圧する、宇宙服を脱ぐ、宇宙ステーションの遮蔽効果の高いモジュールに避難する、といったことに時間が必要だからです。クルーが太陽フレアの発生2時間前に警報を受けたのでは、時間的な余裕がなさすぎます。

そこで、私のグループ［NASAの、コンテストやクラウドソーシングを使ったイノベーション手法を導入する研究所］は、太陽圏全体の物理特性を研究する太陽系物理学のグループと共同で、いつも使っているイノセンティブというプラットフォーム上で、クラウドソーシングのコンテストを開催しました。課題は「どうすればもっと早期に太陽フレア予測ができるか」です。さまざまなバックグラウンドの人々が世界中から参加し問題に取り組んでくれました。そして、コンテストの優勝者はリタイアした携帯電話のエンジニアで、たまたま太陽系物理学の学士号を持っている人でした。彼は在職中、携帯電話のデータ転送速度がどんどん速くなる中、ノイズを含んだ音声信号からノイズ成分だけを取り除いて音声を抽出する技術に、数学を使って取り組んでいました。携帯電話業界で使われていた数学を、太陽系物理学の問題に適用し、太陽フレアを最速で8時間前に予測するアルゴリズムを構築することができたのです。これは、以前の4倍のパフォーマンスです。これを機に、われわれの科学チームは、問題解決や予測に取り組むための、全く新しい方法を検討するようになりました。世の中の広大なオンラインコミュニティでは、実にさまざまなスキルセットを持つ人が見つかりますが、その人たちがどのような価値を提供できるかを示す、ほんの一例です。

ソリューションは、問題に適用される技術スタックです。つまり、パフォーマンスを向上させる新たなソリューションを得るために、さまざまに異なる技術を独自に組み合わせたセットです。世界で今起きていること、それはテクノロジーの爆発的増加です。ブロックチェーン、３Ｄプリンティング、オープンＡＰＩ、ドローン、安価なセンサーなどが、あらゆる分野で利用されるようになり、さまざまな問題に適用されるソリューションの可能性が拡大しています。

それは、問題に対するＮＡＳＡのソリューションのパフォーマンスも2倍、３倍、５倍、10倍向上する可能性を意味します。非常に大きな仕事になると思いますが、クラウドソーシングは、テクノロジーの可能性の爆発的拡大を活用する一つの方法です。さまざまなスキルや他分野の知識を持つ人々を探せる能力は、非常に大きな資産です。クラウドソーシングのプラットフォームは、複雑な問題に効果的なツールであることが証明されています。特別なスキルや専門知識の組み合わせを持った人々を探し、あらゆる異業界の知識を取り入れた特別なソリューションを見いだせるという点で効果的なのです。

われわれが、多種多様な製品に関わる、さまざまなクラウドソーシングのコミュニティとつき合ってきて気づいたのは、適切な仕組みさえ用意すれば、クラウド・コミュニティには特殊なニーズにマッチする途方もない潜在的可能性があるということです。それは、クラウドソーシングの賞金付きコンテストに限ったことではなく、フリーランスやギグワークのコミュニティとプラットフォーム全体にも見られる特徴です。われわれがタスク化と未来の働き方を提唱するポールの取り組みに引かれたのは、そのためです。物事がこんなに速いペースで変化する中、われわれが方向転換を迫られているのは明白です。世の中に後れをとらず有用であり続けるためには、この新しいモデルを活用し始める必要があります。

ダイアン・フィンクハウゼン「オープンイノベーション」

ポール──プロジェクトをタスク化して、フリーランサーを対象に公開コンテストを開く手法について、複数人に話を聞いたのですが、重工業分野の観点からの意見を聞かせてもらえますか？

ダイアン──タスク化は、重工業企業のプロセスにおいて不可欠な要素です。われわれは、非常に複雑で技術的な事業に関するソリューションだけでなく、安全やコンプライアンス、スピード、効率性に関する問題も解決していく必要があります。そんなわれわれが、重工業のプロセスにフリーランスの人材を活用する手法を取り入れるには、パフォーマンスに支障をきたさないだけでなく、チームの成果を強化するような戦略を考える必要がありました。

タスク化によって、複雑な問題が、一連のより細かい要素に分解できます。ギグエコノミーのおかげで高度に専門化した人材が、ほぼ無限に控えている場所にアクセスできるわけです。われわれの複雑な問題を、より細かく特化した要素にタスク化すると、各要素を社内の人材やギグエコノミーのエキスパート市場の人材にマッチングする自由度が増すのです。

タスク領域をより狭く絞り込んで、より広い範囲から人材を求める手法は、パフォーマンス向上に非常に有効です。その秘訣は、コンプライアンスに沿ったスケーラブル［利用者や仕事の増大に適応が可能］な、費用効率の高いやり方で行い、アジリティを落とすのではなく、むしろ高めることです。もしわれわれが早期から継続的に、知的財産権や財務、人材調達関連の専門家たちと一緒に取り組んでこなければ、それは実現しなかったでしょう。

では、これまでどのように重工業の重要課題にエキスパートの運用システムを適用したか、タスク化がこの過程において、具体的にどのような役割を果たしたかを示す、よい例を紹介しましょう。

わが社には初期の頃、石油・ガス事業部門とその顧客をサポートするためのプログラムがありました。顧客は、海上作業が及ぼす気候や地域への影響に関する、市場からの反応に応答しようとしていました。

海上作業による気候や地域への影響というと、一見、問題の範囲が広く、すべての関係者によい結果をもたらすソリューションがいくつも考えられそうです。そこで、できるだけよい結果を出すために、われわれはチームに問題の範囲を絞り込むよう指導しました。気候や地域に最も大きな影響を及ぼす要因を挙げ、それらに対処するための一連のソリューションに焦点を絞るためです。そこからソリューションへの道筋をタスク化することができ、その道筋を一緒に歩んでくれるエキスパート・コミュニティの選択肢も広がりました。

タスク化を行う過程で、主軸となる領域が見えてきました。チームが、これならすばらしい結果を生むと考えたのが、海上作業現場に搬出入する資材の量を削減するというソリューションです。現場への資材の搬出入とは、重い資材を積んだ大型トラックが現場へ向かう際に近隣地域を通るので、交通渋滞や排気ガス、路面状態などを悪化させるということになります。われわれのチームはタスク化によって、海上作業に必要な資材を減らすための工夫が生み出せると考えました。資材運搬のニーズを削減できれば、海上作業による気候や地域への影響を向上させられると考えたのです。

その考えは正しいとわかりました。われわれは海上作業で使う水とプロパンガスの量を削減することに重点を置いた、イノベーションのスコープ［何を、何のために、どの範囲まで行えばよいかを定義するもの］を策定し、オープンイノベーションの企画として、エキスパートの国際的コミュニティに持ち込みました。すると、250以上の優れたイノベーション案が寄せられ、わが社のチームは複数のエキスパート組織とのコラボレーションが決まり、ソリューションの組み合わせを構築することができました。

ソリューションへの道筋を生み出すにあたり、タスク化によってスコープをより狭い範囲に絞り込み、オープンイノベーションによってより広域のコミュニティと協働することで、チームはイノベーションのパフォーマンスを10倍以上増強できたのです。

ポール──プロジェクトのタスク化をせずに成功できたと思いますか？

ダイアン──いつしか、なんらかのソリューションにたどり着いたとは思います。でも、時間とコストがもっとかかり、総体的な成果は小さかっただろうと思います。

タッカー・マックス「ポジショニング作業」

ポール──御社スクライブ・メディアの事業は、出版のプロセスを実行可能な単位に分解することで成り立っていますが、どういった経緯でそのようなプロセスに行き着いたのでしょうか？

タッカー──タスク化は簡単でした。まず問題を見つけました。世の中には、頭の中に本のアイデアがあっても忙しくて書けない人たちがいます。ある友人との会話でそれを知りました。本を書きたいが時間が思うように取れない悩みを聞かされたのです。どんなことを書きたいのか、出版できたら彼女の人生がどう変わるかなどを聞いているうちに、はっとしました。そして僕が書いて出してやると言ったのです。すると、いくらかかるか聞かれました。

僕は「うーん、1万ドルくらいかな」といい加減なことを言いました。お金がほしかったわけではないからです。「やり甲斐があるし楽しいから、1万ドルで十分だよ」みたいなことを言いました。単なる楽しいプロジェクトだからそれでいいと本当に思ったのです。

僕はさっそくホワイトボードに──自宅にホワイトボードがあるのです──執筆の細かな段取りをすべて書き出してみました。これにはけっこう時間がかかりました。最初は「たぶん10工程くらいだろう」と思ったのです。しかしいざ本気で考え出すと……「ちょっと待てよ。各工程には10~20のさらに細かい工程が隠れているじゃないか」と気づいたのです。10だと思っていたものが70くらいになり、さらに今の工程数になりました。非常に複雑なプロセスに思えました。実際はそれほど複雑ではないのですが、自分で難しく考えすぎてしまったのです。今では、逆に少しシンプルに戻しました。

例えば、本を書き始める前にも、ポジショニングという作業があります。これは、出版において何よりも重要なことです。ポジショニングとは、読者の頭の中でその本がどのような位置を占めるのかを把握することです。簡単な仕事のようで実は簡単ではありません。

本のポジショニングには、基本的に三つのステップがあります。ポールもやったはずです。

最初に立てる問いは、出版の目的です。なぜこの本を書くのか？　読者に何を得てほしいのか？　そして著者が何を得たいのか？　著者にそれらを明確化してもらう必要があります。そしてわれわれ出版社側も、著者の出版目的が本当に現実的で達成可能なものかを確認しなければなりません。

目的が決まったら、次は読者ターゲットです。主な読者層は？　第2の読者層は？　その人物像を想定します。どんな人がなぜその本に関心を持つのかを想定する必要があるのです。われわれはここにかなり深くこだわり、ペルソナも設定します。その人は、その本を読んでいないばかりに、どんな心の痛みを抱えているのか？　その本を読んで内容を実践したらどんな変化が起こるのか？　どんな恩恵を受けられるのか？　そうしたことを、しっかりと深く理解していなければなりません。

次のステップはテーマです。みんなテーマから始めたがりますが、それは間違いなんです。なぜなら、頭の中のアイデアなんていい加減なものだからです。現実に根差した目的でなければなりません。

テーマを考えながら、出版目的・読者ターゲット・テーマの三つがうまくつながるように調整します。いわゆるノーススター〔北極星。ぶれない目標や指針〕ステートメントです。

出版目的、読者ターゲット、テーマを文章にまとめてノーススターステートメントを作成します。まず「〇〇のため、〇〇を得るために本を書きたい」と書きます。〇〇には企画者の目的や意図が入ります。そして「△△に□□を指南することでそれを達成する」と書きます。△△は読者ターゲット、□□はテーマです。「それによって、〇〇という大目的を達成したい」とまとめます。

それが済んだら、どんな章をつくるかのアイデアをブレインストーミングします。次に、適切な章が適切な順序に配置されるよう構成を考えます。そして各章の概要を書きます。概要の次は、インタビューです。

われわれの場合は、著者にインタビューをして、本の内容を聞き取らなければなりません。そしてインタビュー録音を文字に起こし、その原稿を書き言葉に整えていきます。

そのリライトを、さらに読み物として楽しめるクオリティに推敲します。その後、著者に原稿を確認してもらい、編集と修正を重ねます。

こうして本が出来上がるのです。本当は、まだいくつかの高度な工程——装丁、マーケティング、プロモーション施策など——があるのですが、執筆の基本的なステップはこのような流れです。

タスク化は、ロシアのマトリョーシカ人形のイメージです。ライティング、出版、マーケティング……とはいいますが、ライティングは、さらに小さなタスクを六つ内包しています。出版の中には8~10のタスクがあり、販売あるいはマーケティングには、正直、どのレベルまでやるかにもよりますが、莫大な数のタスクが存在します。

本の出版という大きな目標がマトリョーシカだとすると、タスク化はそれを開けて、小さなタスクを見いだすことです。そしてそれもさらに開けて、一番小さい人形にたどり着いたら、作業に取りかかる準備が完了します。

構築するために分解する

ヘンリー・フォードは分解した84工程を、破竹の勢いの産業に化けさせた。周知のとおり、組み立てライン、工場、そして業界を革命的に変化させた。自分の意識を変え、新しいアプローチで問題に取り組み、デフォルトをリセットした。フォードがやったことで、あなたにできないことはない。

タスクの細分化は時間がかかる。まず自分の望む結果を認識してから、そこにたどり着く道筋を把握する。本章で、各界のリーダーたちがこのプロセスをどう利用したかを見てもらったので、そんなに難しいものではないことがわかったと思う。

では、そろそろあなたのタスクのことを考えよう。今までは演習課題ばかり出してきたが、今度は実践だ。ギグ・スタイルの効果をあなた自身の目で見てほしい。次の「やってみよう」にあるタスクを試してみよう。ギグ・スタイルがあなたに何をもたらすかがわかるはずだ。

やってみよう

これを試してT．I．D．E．メソッドの効果を知り、今後の成功への足固めにしてほしい。本章で説明したとおり、「出勤の支度をする」とか「効果的なスライドをつくる」という作業は小さなタスクからなっている。本書を読み進めて世界中のフリーランス・エキスパートの起用を考え始めたと思うが、まずは自分の着手したいプロジェクトから挑戦してみよう。

1 最終的にどうなれば成功なのかを定義する。最後にプロジェクトが完了した状態を想像するところから始める。はじめにじっくり時間を費やし、自分の目標やビジョンをしっかり把握しよう。それをシンプルな文章で書き出す。

2 プロジェクトのステークホルダー〔利害関係者〕は？　作品のプライマリーオーディエンス〔ターゲットとなる人〕は？

3 プロジェクトでは具体的にどんな成果物が必要か？　これらは、一人のフリーランサーあるいはチームメンバーに、いつまでに何をしてほしいと依頼する物事を指す。ここでは、ゆっくり時間をかけブレインストーミングで挙げていこう。僕の経験では、この段階で多めに挙げておいて、後で整理するほうがうまくいく。

4 **3**の中で、まとめたり省いたりできる項目はないか？　**3**で挙げたタスクを一つ一つ検討し、そのタスクの要求事項（スコープ記述書）を書き出す。

5 それぞれのタスクはどのくらい重要か？　各タスクに低・中・高の重要度を付ける。

6 プロジェクト全体の現実的な暫定期日は？　タスクを一つ一つ検討し、作業の依存関係を把握する（例：ウェブサイトのワイヤーフレームができていないと開発が始められない、など）。その情報を、プロジェクトの簡潔な草案にすべて書き込んでいく。僕はこの草案をフリーランサーに見せ、フィードバックをもらうことが多い。また、こちらの期待事項を理解してもらうのにも役立つ。

7 エキスパートのネットワークと仕事をしているのだから、やり取りをしながら、彼らの意見やベストプラクティス〔最善の慣行〕を聞こう。

特定・認識する

［Identify］

6

「多忙ではなく、生産的であることに神経を注ごう」

——ティモシー・フェリス著『「週4時間」だけ働く。』

ビジネス界における普遍の原理を一つ挙げるとすれば、それは「デス・バイ・スライドショー（スライドショーで墓穴を掘る）」という概念だ。

会議に出席し、出来の悪いスライドショーで泣きたくなるほど退屈させられる側にとっても、その作成に人生の時間を何時間も浪費する側にとっても、悲劇である。だが悪いのはソフトではない。ソフトにこんな汚名を着せているのは、他でもなくわれわれユーザーだ。画面をゴチャゴチャした画像でいっぱいにしたり、文字を詰めすぎたり、アイデアを訴える代わりに40枚分のスライドの文章を棒読みしたりして、効果を殺してしまっている。

僕もプレゼン資料のデザインで苦労していたものだ。文章を配置したり、タイトル画像を探したり、たくさんのテンプレートの中から画面切り替えを選んだりと、成果よりもプレゼン作成のプロセスに没頭していた。

バイスプレジデントが一堂に会する会議で、アイデアを提案する場面を想像してほしい。この日のために準備を重ね、チーム総出で臨むプレゼンだが、中身は10ポイントの小さな文字とクリップアートで埋め尽くされた60枚を超えるスライドだ。結果はご想像のとおりである。

僕は気づき始めた。これではいつまでたってもプレゼンは上達しない。プレゼンソフトの機能を勉強しているにすぎないからだ。僕が独学で懸命に学んでいたのは、自分より数レベル下の職位の作業でしかなかった。

僕はチーフ・オブ・スタッフとして何十ものプレゼン資料を作り、何百ものプレゼンを見た。それで発見したのは、最後すなわち結果から始めたほうが効果的ということだ。出した い結果からストーリーを逆に組み立てていけばよい。そうすれば、主張すべき要点がわかっているので、リサーチも重要ポイントに的を絞れる。また、肝心なところに感情も込められる。目標に集中すれば、すべてが落ち着くべきところに落ち着く。

前章で説明したタスク化と同様である。「自分の考え方を他者に理解させる」という目標がはっきりしていれば道筋を考えやすい。この目標を達成するには、まず会議でプレゼンテーションをする必要がある。そのプレゼンには、リサーチ、動画、モーショングラフィックス、カスタムのデータビジュアライゼーション（これらはエキスパートの起用が非常に有効な領域）が必要となる。また、人を引きつけ、かつ情報として有益なナラティブ［語り］でそれらをまとめなければならない。そして最後に、聞き手の関心をつなぎとめる立派なプレゼンを行う必要がある。

つまり、発表には資料が必要であると同時に、それを効果的に提示するための技術や演出も必要なのだ。さまざまな図表は、それぞれ異なる意味を伝える。色は、見る人に感情的影響を与える。プレゼン資料をデザインするうえで押さえておくべき大事な点はたくさんあり、そのすべての工程のエキスパートになるのは不可能なのだ。そうしたことを勉強しているプロのデザイナーは、さまざまな効果がオーディエンスにどのような影響を与えるか心得ている。

デフォルトをリセットする前の僕は、なんでも自分一人でやっていた。夜遅くまで起きて、いろいろなことをリサーチし、あちこちのウェブサイトを見て回っているうちにさまざまな情報に目移りし、迷子になる。またソフトの使い方も、20年で何百ものスライド集をつくった経験の中で、独学で学んだ——つもりだった。そうして作成していたのは、そこそこの出来の資料だった。それから、トークにジョークを散りばめたり、ストーリーテリングの手法を使ったりもした。僕はストーリーテリングが苦手ではない。自分を物語化するのは得意だ。でも特技はそれだけだから、もっといろいろなスキルを習得しなければと思っていた。

だが、計画的ストーリーテリングの重要性とデザインの力を知ったのは、エキスパートたちとの協働を始めてその世界を研究するようになってからだ。ある事柄を提言するなら、そのアピールトークにベストを尽くしたいと思った。

話はまた以前に戻る。役員レビューのためのプレゼン資料を準備するのは確かに大仕事だが、関与しているメンバーが考えていたのは、あくまでも資料作成そのものであって、結果には意識が向いていなかった。それは、基本構造の設計だけで家を設計したつもりになっているようなものだ。家と呼ぶには、壁や屋根、床、トイレ、キッチンなども必要なのに、それらを考慮していないのと同じだ。だから、結果のことが頭にない委員会がプロデュースした当時のプレゼンはすべて、最悪の出来だった。そして役員たちに言われてしまった。「これを見るのに1時間も割けないよ。急いでくれる?」

ギグ・スタイルの実践を始めてからは、委託に出すべきタスクがいろいろと見えてきた。多くのクラウドソーシング・サイトを利用するうち、プレゼン資料の作成にピッタリのスキルを持つフリーランサーがいることを知った。僕が取り扱うようなテーマが専門のリサーチャーや、すばらしいプレゼン資料をポートフォリオに載せているデザイナー、僕のメモを議論にまとめ上げられるスピーチライターがいるではないか。

これこそが「特定・認識」のポイントだ。あなたが自分でプレゼン資料をデザインすることも十分に可能だろう。だが果たしてそれは、あなたの時間のベストな使い方だろうか?

フリーランサーを起用しても、あなたのビジョンが変わるわけではない。ハリウッドの映画監督になった自分を想像してみてほしい。あなたはクリエイティブと技術のエキスパートたちを集めチームをつくろうとしている。でも彼らはあくまで、あなたのアイデアとあなたの目標を実現するために働いてくれる。

もう一つのよい例がいかなる事業にも不可欠な市場調査だ。かつては、マーケットリサーチを行おうと思ったら、大手のコンサルティングあるいはマーケティングリサーチファームに依頼し、じっくり打ち合わせをして、作業範囲記述書(SOW:statement of work)を作成し、何カ月もかけて市場調査を行うのが普通だった。そのファームはプロジェクトの責任者に役員レベルの人材を一人当て、新卒の若手でなるチームをつくる。このチームは雪だるま式に大きくなっていく。そうして彼らは大きな収益を計上し、クライアント企業は市場推計や戦略プロジェクトを行う。

それが今や、市場分析を専門とするコンサルタントを自分で見つけてコンタクトできるし、二つ、三つのプロジェクトを同時に進めることもできる。僕が今仕事を頼んでいるマーケットリサーチャーは博士号の保持者で、インドに住んでいる。彼はすばらしい才能と知識を持っているだけでなく、僕とは全く異なる世界観と経験を持っている。

あるプロジェクトで詳細情報が必要になった僕は、土曜の朝、クラウドソーシングのサイトに依頼を投稿した。すると2時間足らずで彼が名乗り出て、仕事を引き受けた。僕は、彼のリサーチのクオリティの高さ、そして洞察や提言の深さには驚かされた。異なる角度で問題を見る彼の視点は、考えの多様性につながる。

それは利用させてもらう価値がある。信頼するエキスパートのネットワークから多様な考えが得られると、あなた自身もあなたのアイデアも際立ち、ユニークなプレゼンテーションができる。

僕は多様な考えに触れている。新しいエキスパートにコンタクトするたびに、少しずつ学びが増える。大手のファームに大きなプロジェクトを依頼するのと同じ費用で、多数の小さな市場調査と戦略プロジェクトを行って、それらをまとめ上げればいい。僕は最終結果のビジョンを持っているからそれが可能だ。

多様性はとても強力な力になる。みんなが各自の考え、幅広い価値観をプロジェクトに持ち込んでくれる。これを読んでいる読者の中には、大手のコンサルティングファームを雇うべきか悩んだ経験をもつ人がいると思う。「このグループを雇えたらいいのだが……」とか、「あの会社を使える予算があったら……」と。だが、もっといいやり方があると提言するために僕は本書を書いた。費用の節約という意味だけではなく、最大限の成果が得られる予算の使い方という意味での、もっといいやり方である。

プロジェクトの最終結果を忘れ、つい、ささいな部分に関わるタスクにこだわってしまうことはよくある。ギグ・スタイルで暮らすには、常に最終結果を意識する必要がある。初めてタスク化と目標の細分化を行ってみると、その多さに面食らうかもしれない。「モデルTの製造には84工程もあるのか？　そんなのできっこない！」と。

でも、そうやって作業を特定・認識し、自分一人では手に負えないことに気づくのだ。そもそもあなた一人でやれなんて、誰も言っていない。大事なのは最終結果ということを忘れないことだ。僕はチーフ・オブ・スタッフという役職に就いていたとき、すばらしいチームのメンバーと仕事ができた。だから僕たちの作成したプレゼンテーションには本当に情熱がこもっていた。けれども、そのベクトルは結果ではなく過程のみに向いていた。その結果、本来出せる効果が出せなかった。

したがって、最も大切な第一歩は、あなた自身がやる仕事、あなたのチームがやる仕事、そしてフリーランサーのネットワークに委託する仕事を特定・認識することだ。難しいと感じても気に病むことはない。ここでつまずく人は多いのだ。これは、自分にコントロールを手放す気持ち、他人を信頼する気持ちがどのくらいあるかで変わってくる。

「いやいや、これはやっぱり自分じゃないとできない。他人に説明するくらいなら自分でやったほうが速い。そういえば、フリーランサーでひどい経験をしたこともあったし」。誰でも自分に対してこんな言い訳をしがちだ。何かをしたくない理由や古いやり方を変えたくない理由は、いくらでも出てくる。だが、そうした言い訳は振り払わなければならない。デフォルトをリセットする必要がある。何より重要なのは、時間という自分の最大の制約に気づくことだ。

僕は、仕事を頼んでいるデザイナーの一人とこんな会話をしたことがある。彼はいくつかのディテールを適切に処理することにとてもこだわっていて、そのプロジェクトを遂行できるのは自分だけだと言った。だから僕はこう返した。「地球には70億人の人がいるのに、君にしかできないの？」僕は驚いたのだ。彼はしばらく冷静に考えた後、自分が「固定型マインドセット」に陥っていたことに気づいたが、それにしても、彼の斬新な好奇心はどこへ行ったのか？　なぜ、すべてを自分の手でやらなければならないのだろう？

では、CEOには他の人たちよりも時間があるのだろうか？　そんなことはない。彼らは、異なる枠組みで仕事をしている。組織のプロセスを縦割りに分割し、自分たちが直接監督しなくても、従業員が運営できる体制をとっている。部下たちがビジョンを実現してくれると信用し、そのビジョンを最下層の従業員にまで浸透させるべく、できるだけ明確に定義する。自分のビジネスのすべてのプロジェクトを自分一人でさばけるという考えは間違っている。自分の時間のもっと有効な使い道があるはずだ。

すばらしいアイデアやビジョン、将来の展望を持っているなら、細かいタスクに自分を縛りつけるのはやめよう。分散できそうな作業、それを委託できそうなフリーランサーを特定・認識し、仕事に着手しよう。

マイク・モリス「すべてを自分でやるのは無理」

ポール――トップコーダーでは、特定・認識をどうしていますか？　成すべき作業、後回しにする作業、不要な作業、委託する作業をどう決めていますか？

マイク―それには、作業を任せられるようなネットワークがあるかどうかで変わってきますよね。フリーランサーたちとその能力を把握していることが鍵になりますね。

ポール―仕事の割り振りをどのように決めているんですか?

マイク―人々のスキルセットや強み、弱みは、それぞれ異なります。みな違う。トップコーダーでは、登録者一人一人に対するデータを持っています。スポーツチームの選手のような感じです。野球チームは、バッター、ピッチャー、走者、野手、リリーフ投手一人一人のデータを持っていますよね。一人ずつ詳しく見ている。偉大な打者で、すばらしいリリーフ投手で、見事な野手、なんて人はまずいないからです。トップコーダーの登録者も、複数の役割をこなす選手は非常にまれです。

私がずっと見てきた中で、二つの分野でレッドの人――最上級のレーティングを獲得するとレッドコーダーというランクになり、名前が赤で表示される――は、確か一人だけです。

ある人がたった1日だけ三つの分野でレッドだったという噂があったのですが、証拠がありません。事実じゃないから証拠がないのです。プログラミング界の「ネッシー」ですよ。ともかく伝えたいのは、特定のことに秀でた人に「特技を披露する機会を提供したい」というわれわれのコンセプトです。

トップコーダーの分野ですが、まずアルゴリズムとデータサイエンスが同一の分野に入っています。二つめの分野はソフトウェア開発です。そして三つめがデザインです。そして、各分野がさらに、アルゴリズム問題のタイプやテクノロジーのタイプ、デザインのタイプなどに分かれています。この区分はすべて、みんなにスキルセットを披露する機会を与えるためです。

自分の望むすべての分野で自分の目指すレベルに届く人なんていません。それは、うちの登録者に限らず、誰にでも当てはまることです。すべてを自分でやるのは無理です。それに気づき、自分の限度を把握できれば、それを手伝ってくれる人を見つけるのは簡単です。

ポール―そして適切な人が見つかったら……。

マイク―何を依頼するか決められます。人に委託するタスクはそうやって特定・認識するんです。

スティーブ・レイダー「外部の視点でソリューションを探す」

ポール―NASAには、地球上で最も賢く、イノベーティブな人材がたくさんいますよね。それでも外部のフリーランサーと協働すべきという判断に至るのは、どんなときですか？

スティーブ――社会全体で、「イノベーション」と「イノベーティブな人間」が混同されていますね。その二つが同一視されている。イノベーティブなアイデアを持っている人が、イノベーションを実行するものと思われているんです。でもそれは間違いで、問題を解決するためのイノベーティブなソリューションを探すつもりなら、それを実行するためのアイデアや技術を、外部のエキスパートや視点に求める必要があります。

つまり、外部の視点を使ってソリューションを探し、その視点を内部に取り入れるのです。また、自分たちの持っていない専門知識を探す必要もあるかもしれません。ただいずれの場合も、わざわざコンサルティングファームなどを雇う必要はありません。必要なものを、直接クラウド・コミュニティで探すことが可能です。

われわれは、銀河宇宙線に関するコンテストを開いたことがあるんです。人間を銀河宇宙線から守るにはどうすればよいか、という課題を出しました。

最終選考に残った7人はみな、世界各地の大学の核物理学者でした。それぞれが40～80時間を費やし、一つの解決策に向かって協働するという形でした。優勝者は2万ドルの賞金を手にします。学者たちをこのような形で動員するなんて、通常考えられないことですから驚きの方法ですね。「複数の核物理学者を雇って問題を解決してもらう」なんて、その段取りだけでもなかなか困難です。

参加者たちは、このコンテストのために考えたアイデアを将来の新しいスキルや技術の開発に利用できるので、優勝の賞金を獲得できてもできなくても、このプロセスから得るものがあるのです。NASAが主催する「センテニアル・チャレンジ」というシリーズのコンテストは、Xプライズのコンテスト〔世界最大の非営利ベンチャー財団Xプライズ財団が人類の重要課題の解決を主題に主催する国際コンペ〕と同様で、100万ドルの賞金を出し、「誰かこの難題を解決できませんか？」と呼びかけています。

応募してきた企業、個人、学者たちがチームを結成し、協力し合って、成果物を築き上げます。実は、主催者がこの取り組みに費やす研究開発費は、賞金の4倍にものぼります。コンテストの優勝者が手にする賞金金額の4倍の研究開発費がかかっているのです。一方の参加者は、たとえ優勝できなくても、その分野で仕事をする機会や認知を得たり、スキルを向上させたりできます。驚くような能力と創造性を持つ人たちがフリーランスのコンテストに応募してくるのは、そのためです。

例えば、2004年から行われている長距離無人自動車レース、DARPA（国防高等研究計画局）グランド・チャレンジがあります。現在、自動運転技術の会社をやっている人たちはみな、過去にこの競技に参加しているんです。必ずしも優勝はしていませんが、参加者だったのです。こうしたコンテストが枠組みと目標を提示して、参加者が技術を構築し、問題点を解決していくのです。従来的な技術開発とは異なる共同的な取り組みで、本当にすばらしいモデルだと思います。

クラウドソーシングは、参加者に普段の仕事以外の場所で能力を発揮してもらい、偉大な貢献をしてもらう手法です。フリーランスの仕事も副業もコンテストも、人の能力と、それを必要としている人をマッチングするという点で共通しています。

私は「ニーズと、そのニーズを満たせる人をマッチングする」という説明が気に入っています。エアビーアンドビーは、部屋と、泊まる場所が必要な人をマッチングする。ウーバーは、足が必要な人と、車を持ち運転できる人をマッチングする。そしてコンテストは、誰に頼めばいいのかわからないような難題を解決するために、依頼者とアイデアや専門知識をマッチングする、非常に効果的な手段であるとわかったのです。

コンテストになるのは大概、「この問題には、何年もかけて10人の科学者に取り組んでもらったが、誰も解決策を生み出せていない。だからコンテストで公募しよう」というような案件です。どんな人が応募してくるかわからないのですが、クラウド・コミュニティの誰かが革新的なソリューションを考え出します。それはだいたいきまって、問題の分野の外の人なのです。ハーバード・ビジネス・スクールが行った調査によると、うまくいったソリューションの70パーセントが、課題を抱える当事者とは異なる分野の人によって解決されているそうです。[25]

これは、本当に画期的な研究開発の手段です。われわれが長年にわたって行ってきたやり方では、化学者のチームをつくって化学実験室に入ってもらい、「画期的なイノベーションを見つけてくれ」というものでした。しかし今は、クラウド・コミュニティに門戸を開いています。クラウド・コミュニティはとても多様性に富み、化学者には絶対に思いつかないような技術を開発し、構築できるからです。クラウドなら、われわれが求めていた革新的なソリューションを生み出すことができるのです。うまくいく頻度もすばらしいし、うまくいく仕組みもすばらしいのです。

ふたを開けてみると、世の中には問題解決に情熱を注ぐ、スーパー解決者とも呼べる人たちがいることがわかりました。われわれの有人火星探査チャレンジで優勝した男性は、その後コンペ荒らしとなり、イノセンティブのプラットフォーム以外のコンテストで17回も優勝したんです。彼はそれこそ、複数の分野に長けたスーパーオタクで、なんでも数式で解いてしまい、見事な働きをする人でした。そんな興味深い人材を活用できるのがすごいと思うのです。ああいう人はおそらく、組織の中ではとても狭い専門領域の決まったタスクに押し込められ、能力が最大限に生かされないでしょう。でも、クラウドソーシングのコンテストは、プラットフォームを介してあらゆる業界からの課題が提示される点で「未開の西部」といえます。こういう場だからこそ、彼の知識と能力を得意なことに惜しみなく発揮してもらえたのです。

実際のところ、人は新しいことを学びたいのです。自分のスキルアップを強いられるようなプロジェクトがなかったら、どうやって学べるでしょう?

Ｋａｇｇｌｅ（機械学習を専門とするデータサイエンティスト１６０万人を抱えるコミュニティ）は、国土安全保障省に協力するための、賞金総額１５０万ドル（約１億５６００万円）のコンテストを開催しました。空港の人体スキャンを通る人が身につけた武器を検出するための、アルゴリズムを改良するのが課題です。優勝して10万ドル（約１０００万円）を手にしたのは、カリフォルニア大学バークレー校の１年生でした。彼は、ただ機械学習の実力を磨くためにコンテストに挑戦したといいます。機械学習を学びたかった彼は、このプロジェクトならおもしろそうだし、テキストで習った技術を応用できると思ったそうです。

そして、本当にオンラインで機械学習を独学したのです。彼はソフトウェアが専門なので、機械学習のＡＰＩ（アプリケーション・プログラミング・インターフェース）やソフトウェアへのアクセスや使用には困らなかったようですが、数学者でもなければ、従来的なデータサイエンティストでもない。ただ、オンライン講座で習ったとおりに機械学習推論を設定し、「機械学習はトレーニングデータの量が多いほどうまくいく」という教えに従ったそうです。国土安全保障省は、参加者にアルゴリズムを構築するための画像データを数千提供しましたが、機械学習にはそんな数では足りず、何万、何十万のデータが必要です。

バークレー校の彼は、もともとビデオゲームをやっていた関係で、ブレンダーという3Dグラフィック作成ソフトを使えばリアルな人体モデルを作成するスクリプトが書ける、という知識を持っていました。肌の質感から骨格の寸法、体格まで、自由に設定できるのです。彼は国土安全保障省が提供したスキャン画像に似せて、体のさまざまな部位に武器を潜ませた、多様な人間モデルを何千通り作成するスクリプトを書きました。そしてそのデータを使って、自分の考え出した機械学習のモデルに学習させました。その結果、このソリューションは、コンテストでトップ10に入るパフォーマンスを見せたのです。彼は、自分のデザインをプレゼンテーションしたときに、国土安全保障省で働かないかとスカウトまでされたんですよ。彼らは、自分たちでは絶対に思いつかないソリューションだと認めていました。もしそのテクニックを知っていたら、学習用データの準備でも、膨大な時間と費用を節約できたでしょうね。

内部の人間からは出てこないイノベーションとは、こういう類のものを指すんです。

ポール―つまるところ、人探しが大切ということでしょうか？

スティーブ―タスク自体を把握し、分解していくと、適切な問いを立てられるようになり、適切な人を見つけやすくなります。内部でやる作業や不要な作業の特定・認識は、その後です。まず、適切な人を見つけなければなりません。

ダイアン・フィンクハウゼン「エキスパート・コミュニティの設計」

ポール―GEのダイアンは、「特定・認識」を少し違った角度で見ていますよね。あなたが、四つのD――自分でやる（Do）、不要（Drop）、後回し（Delay）、委託する（Delegate）を決めるとき、どうやって適切な人材を探していますか？

ダイアン―ギグエコノミーでは、適切な人材を見つけることが大事な秘訣です。今日では非常に多くのエキスパートの市場があるので、仕事に合った人材を雇い入れるより、自由が利くようになりました。

かつては、ほとんどの業務をフルタイムの社員やサービス提供会社の人材に頼ってきました。しかし、人材制度設計へのアプローチの仕方を見直し、「仕事」ではなく「タスク」や「能力・技術」という単位でプロジェクトに取り組むようにすれば、選択肢を大きく広げることができます。フルタイム社員やサービス提供企業の人材プールに加え、ギグエコノミーを介して、ほぼ無限のエキスパートが控えるコミュニティにアクセスでき、人材調達が、もっともっと自由に、きめ細かく行えるようになるのです。

このアプローチは、社内のチームにとっても機会の新しい世界を開いてくれます。的を絞り込んで、きめ細かい細分化を行うアプローチで人材調達ができるようになれば、社員の業績も上がります。

それがどういうことか、もう一度、海上作業のプログラムの事例に戻って説明しましょう。

海上作業に必要な水とプロパンガスの量を削減する革新的なソリューションに的を絞ったわれわれは、そのターゲットイノベーションを生み出すために必要と思われる、一連の能力や技術を特定・認識することができました。繰り返しになりますが、ターゲットの専門分野をより細かい能力や技術に分解すると、人材調達の自由度が増すのです。エキスパートやソリューションの道筋を探す際、海上作業の分野だけに縛られず、異分野・異業界を探しても、適合しそうなエキスパートやソリューションが見つかる可能性が出てきます。「通例」の範囲を超え、それまで知らなかったけれど、よりよい成果に到達させてくれそうなエキスパートとつながることができるのです。

われわれは、いったんターゲットとなる技術や能力を分類したら、オープンイノベーション方式で、技術分野および科学分野のエキスパートを200万人抱えるコミュニティに、このスコープに対応してくれませんかと呼びかけるのです。オープンイノベーション方式をとると、わが社にとって貴重なコラボレーターとなり得るような関心や考え、関連する他の能力を持つエキスパートとつながることもできます。

つまり、われわれの特定・認識の秘訣は、プロジェクト内容のタスク化、能力や技術の細かな分類、同業種および異業種交配が可能な人材プールを活用したエキスパート・コミュニティの設計です。

課題の概要をタスク化することができると、業界は違えど、依頼者の業界でも役立つかもしれないソリューションやエキスパートとつながれるのです。タスク化によって、業界の壁を越えて、現状を根本から覆すようなソリューションを引き出すことができます。問題を小さな要素に分解すれば、異なる状況にも適応するようなソリューションの要素を取り入れられるからです。

私の言っていることは、マイクやスティーブ、タッカー、ジョンの事例からもわかってもらえると思います。私のオフィスには20人の社員がいて、ある問題に対する解決策を生み出そうとがんばっていましたが、ソリューションを考えついたのは全く異なる問題を検討していた宇宙物理学者でした。そのような混線、そのような考えの多様性が、イノベーションやソリューションを促すのです。

「特定・認識」は、「タスク化」とこうしてつながっています。何をする必要があるのかを正確に把握していれば、そのうちのどれを人に任せ、後回しにし、やらないかを、簡単に決められます。仕事をタスク化すると、従来的なエキスパートを呼び込めるだけでなく、すばらしいソリューションやすばらしい専門知識を異業界からも取り入れられます。タスク化をしていなければできなかったようなことが可能になるのです。

ですから、T.I.D.E.メソッドの四つのステップは重要です。この方法は、重工業にとっては極めて大きな変化です。かつては、仕事のタスク化はしても、そのすべてを社内で行っていました。社内でやるほかなかったのです。タスクを後回しにするとか、人に任せるなんて、あり得ないことでした。各業界や組織が壁や境界で隔てられていたため、外に呼びかけてスケールすることなどできません。

仕事をタスク化して、自社がこれまでエキスパートを調達していた分野の外を探したり、最適なエキスパートやソリューションを探す場所に境界はないと考えたりすれば、より質の高い仕事やよりよい成果が、とても効率的に得られるのです。

それが、エキスパートやソリューションを調達するうえでわれわれが指針としている理念です。仕事のタスク化、そして最適なソリューション、最適なエキスパート、適切なエキスパートを探す場所に境界はないという前提に立つのです。あえてしつこくいえば、境界のないビジネスは可能だという前提で世界を見るのです。境界の存在は誰もが理解していますが、その定義が改められたと考えましょう。

相談できる人やネットワークから起用できる人に制限がなかったら、どんなことができるか想像してみてほしいのです。

簡単に紹介したい事例がもう一つあります。これはポールのもう一つの提言につながると思うのですが、社内のエキスパートの起用についてです。外部のフリーランスの人材ではなく、タスク化によって自社内の部署の壁を越えて、エキスパートの支援を調達する事例です。

わが社の中に、スタートアップの事業がありました。2～3年前に、社内に立ち上げられた新しい事業です。彼らは、かなり大きな目標を課された、小さなチームでした。積層造形（3Dプリンティング）部です。積層造形というのは、3Dモデルデータに基づいて、材料の層を重ねていくことで3Dオブジェクトを形成するプロセスです。これは、切削加工［ブロックからオブジェクトを削り出す］に対し、材料の層を1枚1枚付加していく造形法です。

その部署は航空機部門の中で育てられていましたが、複数の工業部門で横断的に仕事をし、全社のすべてのエンジニア、科学技術者、製造責任者とつながり、積層造形で何ができるかや、積層造形の製造能力を持てば製造の生産性向上が期待できることを説明するという任務を負っていました。

さて、この積層造形を扱う、大きな目標を課された小さな部署は、数年以内にすべての工業部門で合計50億ドル相当の生産性向上を実現するという役割を担っていました。そこで私たちが協力することになり、彼らの課題の概要を分解しました。この部署が目指す最終ゴールは、すべての工業部門に計50億ドル相当の生産性向上をもたらすことです。

彼らはまず、対象となる各部門と会議をし、全社、そして全世界のインダストリアル・エンジニアリングや製品部署に周知を図る必要があると、われわれは判断しました。ただし、それを限られた人員で行わなければなりません。また各部署と一緒に、積層造形の導入に向けての計画をつくっていく必要もあります。そこでわれわれは、彼らのためにデジタルコラボレーション用のプラットフォームを用意しました。デジタルツールを活用して、外部との情報共有や協働をサポートするウェブサイトです。

外部のエキスパートと協働する際は、参照文献が極めて重要になります。われわれは、積層造形の各種資料や、各製造部門が積層造形をどう活用できるかというアイデアのデジタル記録を作成し、同時に、従来的な製法を積層造形の製法に変えるとどのような成果が期待できるかという情報を集め始めました。

そして、デジタルチームがデジタルプラットフォームを使い、考え出された事業機会に優先順位をつけました。デジタルプラットフォームでは、さまざまなタスクのデジタル記録をプロジェクトの次のフェーズに移行させることができるのです。

その結果、積層造形部は、タスクに細分化するアプローチと協働のアプローチによって、50億ドルの目標をわずか9カ月で達成したのです。ただ、仕事の細分化と幅広いエキスパートの協調体制を実施しただけです。仕事をさまざまな要素に分解し、デジタルプラットフォームで外部からアクセスできるようにしたことが功を奏しました。

積層造形部はそのプラットフォームのおかげで、すばやく幅広い部署に呼びかけることができ、プロジェクトのペースが加速しました。従来よりもはるかに効率的な方法で、目標に到達したのです。

ポール―広範囲へのリーチによって、可能性が開かれたのですね？

ダイアン―かつてなら、われわれに社内の仕事までする余裕はなかったでしょう。手が回らないタスクがたくさんありました。けれども、適切なエキスパートを見つけてタスクを依頼すること、そして、社内の壁をなくして新しいチームで仕事をすることで、以前よりもたくさんのことを委譲できるようになりました。

タッカー・マックス「求めていることの明文化」

ポール―あなたは出版業界で優位に立つために、自社の行うべき作業をどうやって特定・認識しましたか?

タッカー―スクライブ・メディアにとって、特定・認識は簡単でした。僕は既に出版社をやっていたからです。自分で本を書いたこともあったので、その過程も、一緒に仕事をする人たちのこともよく知っていました。だからそこは容易でした。問題にぶち当たったのは、数件の案件を受けた後、スケールし始めたときです。

10冊の本を同時進行で扱うのなら、自分や友だちで手がけるのにちょうどよい作業量です。でも100冊となると、自分と友だちの手には負えません。

一度に1冊ではなく、大量の本の出版を行うには、何かしらの新しいプロセスをつくらなければなりません。仕事を依頼するフリーランサーを見つけ、テストし、選定するという大仕事を行うプロセスを構築する必要がありました。

そうそう、必要な工程がもう一つあります。これは僕の悪い癖なのですが、よく自分で無意識にやっていて、明文化していない暗黙知があるんです。フリーランサーを探す前にしなければならないことは、自分がフリーランサーにどんなことを求めているかを明らかにしておくことです。

自分が何を必要としているかが正確に特定・認識できていなければなりません。それが第1ステップですね。自分で当たり前にやっていたので見落としていました。僕は、例えばブックデザイナーがどういう仕事か、それにはどういう能力が必要か、ライターにはどういう能力が必要か、既に心得ています。けれどももし、他者にこのプロセスを管理させていて、この第1ステップを明示しなければ、とんでもないことになるでしょうね。なぜなら、次のステップである人選は簡単にできてしまうからです。

関係者全員が一緒に実現させていくビジョンとかコンセプトを共有するのは大事なことです。

フリーランサーを見つける方法ですが、ライターが登録しているクラウドソーシング・サイトは、Ｒｅａｄｚ、メディアビストロ、そしてわが社のスクライブなど、たくさんあります。既に10か所はありますね。大都市ではクレイグリスト〔世界最大のクラシファイドコミュニティサイト〕でも探せます。ニューヨークなら今すぐ探すことができます。

今ニューヨークでは、うちで仕事をしているライターたちもみな、クレイグリストに載っています。なので人を見つけるのは簡単です。昔は大変でしたが、今では人材市場があちこちにあります。だから問題は、人材探しではありません。

問題は、自分が求めていることの把握です。どんなこと、どんな人を探しているのかを特定・認識しておく必要があるのです。実は多くの人がそれをわかっていません。あなた自身が求めているのは具体的にどんなことなのか？

複雑な仕事を依頼する場合は特にそうです。単純な作業ならわからないことはないでしょう。例えば、家のペンキ塗りを頼む場合は、家のペンキを塗れる人が必要です。しかし、ライターやエディターを探す場合、自分がどんなことを求めているのか、わかっていない人が少なくありません。編集一つとっても、デベロップメンタル・エディティング［執筆前に全体構成を考えること］、エバリュエーション・エディティング［執筆後に大事な内容が抜けていないか確認すること］、コンテンツ・エディティング［章や段落の確認］、ライン・エディティング［一文一文の確認］、校閲、校正など、いろいろと分かれていて、すべて違う仕事です。それを知らないでエキスパートを探しても、適切な人が見つかるわけがありません。自分がどんなサービス、どんなスキルを必要としているのか、明確にしておく必要があります。

以上のどの仕事も、少なくとも2~3のクラウドソーシング・サイトで扱われています。まずそうしたサイトを探し、次に求職者のスキルを試す方法を考えます。それは、こういう問題があるからです。僕は自らが優れたライターだと自負していますが、人の履歴書や職務経歴書を見ても、その人のライターとしての能力はわかりません。

われわれがゴーストライターを採用するときは、応募フォームに彼らが書いた書籍や、記事、ブログなどを提示してもらう欄を用意しています。つまり、経歴が全く関係ないわけではありません。著書の提示は応募手数料のようなものです。1冊も本を書いたことがない人は採用していません。実際には、最低3冊書いていることを採用条件にしています。3冊書いているなら、わが社のゴーストライターへの応募条件はクリアです。

しかし、ピューリッツァー賞やエミー賞を受賞したライターが応募してきて、不採用にさせてもらったこともあるんです。それは、ライティングスキルの問題ではなく、別のスキル面で、うちの仕事に適合していないと判断したからです。われわれは、一番上手な文章を書く人を採用するわけではないんです。優れたライターであっても、電話に出ないとか、よい人間関係を築けないとか、人のことを理解できない、といった問題があるようではダメなんです。

逆に、ライターとしてまだ未熟な人もたくさん採用しています。彼らはまだ、ただものを書かせるためだけに採用するような人材ではありませんが、著者とよい人間関係を築くとか、著者を理解する、著者の考えや意図を本物らしく文章にする、といったことにすごく長けているのです。

それができれば、あとはライティングのスキルを磨くだけです。うちのゴーストライターは、みんなそういう感じです。そして、努力をしなくても人を楽しませる文が書けるという才能を持つ人が何人かいます。もし、注意深く吟味しなければ、こうしたことはわからないはずです。

われわれの採用プロセスは、複数のステージに分かれていて、その過程で行われるすべてのやり取りもテスト対象としてしっかり見ています。以前は場当たり的なやり方をしていましたが、今はゴーストライターを雇うために、かなり仕組みが整っています。

採用のプロセスは、応募フォームに入力してもらうことから始まります。われわれは、フォームを受け取ると、応募者にメールを出します。こうしたことは正直面倒ですが、そういう細かいことをする面倒なプロセスを厭って手間を惜しむような人は、わが社のプロセスには適合しません。なので、われわれは採用の選考過程を、少なくとも実際の仕事と同じくらいきつく、難しく、面倒にするようにしているんです。「少なくとも」仕事と同じレベルであって、もっと厳しくする場合もあります。

そして、この過程におけるやり取りの一つ一つを、採用試験の一環としてチェックしています。例えば、編集のサンプルを提出してもらうとき、われわれが見るのは編集のスキルだけでなく、どのくらい早く提出したかも見ています。48時間以内にお願いしますと言うんですが、それを5時間で戻してきたか、締め切りの5分前に戻してきたかは、とても大事なチェックポイントです。そのへんはすごく重視しています。

提出が遅かったり、選考過程で何かやり損ねたりしたことがあれば不採用、ゲームオーバーです。初めてのデートでがんばれないような人は、実際のつき合いではどうなるでしょうね。それと全く同じです。みんながこの仕事を欲しがっているんだと考えて、すべてに細心の注意を払う必要があるのです。この交際期間ともいえる過程で、少しでも好ましくない兆候が見えたら、それは危険信号と捉えています。

仕事のプロセスを定義するときは、自分が採用するフリーランサーに何を求めているのかを具体的に考えるべきです。ポールの言うように、まず、やらなければならない作業を特定・認識してから委託します。自分でわかっていなかったら、むやみにやっているも同然です。

ジョン・ウィンザー「判断とネットワーク構築」

ポール―あなたの考える特定・認識のキーポイントは何ですか？

ジョン―判断ですね。何をするのか、後回しにするのか、やらないのか、委託するのか――という判断が、プロジェクトのスコープを形づくり、フリーランスのネットワークに期待事項を伝えるのに役立ちます。

　社員一人ですべてを行うことはできません。それは絶対無理なんです。ではどうするかといえば、結局は後回しにしたり、やらないことにする。だから、信頼できるネットワークを築く必要があるんです。そうすれば、できないタスクを横に押しのける代わりに、エキスパートに任せ、自分は違うタスクに着手できる。

　企業がそれに気づき始めましたね。従来の業界や企業の境界線を乗り越えて、フリーランス市場を起用するようになっている。あらゆるタスクを依頼するエキスパートをそこで見つけています。

　NASAが太陽系物理学――太陽が太陽圏全体に及ぼす影響を研究する学問――のとても難しい課題を抱え、十指に入る科学者たちが10年間取り組んできても進展がなかったとき、NASAは、指をくわえてソリューションを待つことはしませんでした。

　彼らは、クラウドソーシングやコンテストのプラットフォームに課題を掲示し、多くの成果をあげてきました。そして、コンテストで入賞した人々も劇的な成長を遂げたり、知識を得たり、知識のある人とつながったりと、得るものが大きい。

　スティーブの話にあったように、NASAのコンテストで優勝した元携帯電話のエンジニアは、大学で太陽系物理学を勉強し、携帯電話の仕事で放射線について学んだといいます。そういう考えの多様性が、固定型マインドセットの人からは到底得られないイノベーションや発明につながるんです。NASAの内部の太陽系物理学者は、そうした経験は持っていませんからね。

私は、クラウドソーシングの起用をロボットスーツに例え、社内のチームの人間を超人にするというイメージを描いています。この知識の民主化によって得られた技術と知識を使って、どうやってロボットスーツをつくろうか？　そこから得た専門知識をどう活用して、社内チームとそのメンバーを超人あるいは最強にするか？　と考えているんです。

私はこの世界はさまざまな物事であふれており、問題を効率的に解決するには一人の力では無理だと考えています。ネットワークを持っていること、ネットワークを構築すること、ネットワークのチーム力がものをいうのです。最近は、優れたフリーランサーたちに本当に感心しています。彼らは超人的であり、マイクロ起業家でもあります。

多くの才能ある人材が依頼を待っているネットワークの存在に気づけば、あなたの仕事の可能性が大きく変わります。定義したタスクは適切な人々に任せ、あなたの仕事は自分のビジョンを伝えるだけになるのです。

尋ねよ、さらば見いださん

僕は、いつも「ホーダーズ」［片づけのプロや精神科医が、ゴミ屋敷の片づけを手伝うリアリティショー］という番組を見て、最近流行っているミニマリズムと引き比べている。ネットフリックスの「KonMari ～人生がときめく片づけの魔法～」は、ホストの近藤麻理恵が「これはあなたの人生に価値を加えるものですか？」「これにときめきを感じますか？」と質問することで有名だ。実は「特定・認識」でも同じ質問を使う。家の片づけも、自分の時間を取り戻す活動も、原則は同じ。自分に「このタスクは価値を加えるか？」と聞くのだ。

あなたは、既に多くの時間をプロジェクトにつぎ込んできた。本章では、プロジェクト全体を専門的なタスクに分解し、20分を費やして、小さなプロジェクトのリストにして、フリーランサーたちに割り振った。彼らは、将来あなたのチームになる人たちだ。さて、次は何をするのか。

以前のあなたなら、すべてのタスクに猛然と体当たりし、何時間もかけて新しいスキルを学び、そこそこの出来栄えに甘んじていただろう。でもそのエネルギーと、半分の時間を使って一連の指示を書き、本物のエキスパートに依頼したらどうだろう？

次章ではあなたの次のタスクを説明する。自分が起用するフリーランサーのチームと、時間と目標を特定・認識すると、可能性の世界が一気に広がる。

やってみよう

前章のタスク化のエクササイズで分解したタスクを見直してみよう。本章で、それらに対する理解が深まったのではないだろうか。今度は、プロジェクトの完了を手伝ってもらうフリーランスのエキスパートをどう起用できるかを考える。僕もかつては、どのタスクにも何かしら自分でなければできない要素があると思い込んでいた。「自分でコントロールしなかったら、この仕事を自分でやったことにならないのでは？」「僕じゃなければ、高品質の仕事を提供できないよな？」と。

しかし、自分に次のような質問をしながら、世界中のエキスパートに協力してもらうことを学んだ。あなたもこれらのことをじっくり考えてみよう。

1　自分の強みは何か？　これは採用面接の質問ではない。自分の手で行う価値がある、大きな成果を残せるような作業は何かを特定・認識するために理解しておくべき、極めて重要なことだ。あなたの得意技は何だろう？

2

自分が楽しみながらできることは何か？　正直に言う。自分の仕事は楽しんでしかるべきなのだ。楽しい部分だけに集中しようという意味ではないが、プロジェクトのさまざまな工程で自分が自然と夢中になり、楽しんでいるのはどんな作業かを考えてみよう。

3

一方、**自分のエネルギーとモチベーションが無駄に奪われるのはどんなことか？**

4

自分が避けたり後回しにしたりするのはどんなことか？　いつも、やりたくない「ＳＨＯＵＬＤリスト」に挙がっているタスクやプロジェクトの工程は何だろうか？

5

自分の能力を補完する人としてどんな人を迎え入れたいか？　これはあなたが推進しているプロジェクトだ。自分がプロジェクトのＣＥＯ、あるいは映画のディレクターになったつもりで考える。もしあなたに、プロジェクトの完了を手伝うドリームチームを結成する権限があったら、不足を埋めるためにどんなスキルを求めるだろう？

6　自分がリモートワーカーと仕事をする際のコミュニケーションスタイルは？

何はさておきビデオ電話をしたいか？　自分が寝ているあいだに仕事をやっておいてほしいか？　自分と同じ時間帯の人とリアルタイムで協働したいか？　スタイルは人それぞれだ。自分に正直になっていい。

7　フリーランサーを起用しタスクをきちんと完了させるために、どんな情報を提供する必要があるか？　委託の実際を説明するにあたり、これはとても重要な点だ。

7

委託する

［Delegate］

「これからの時代は、他者に権限を与えられる人がリーダーになるだろう」

――ビル・ゲイツ（マイクロソフト創業者）

あなたに委託の原則を一つだけ教えるとしたら、それは自分のコントロールを手放す覚悟だ。他者があなたのビジョン達成に協力し、同じ目標に向かって伴走してくれると信頼しなければならない。どれも容易ではない。僕が各章の終わりに出してきた演習課題の中でも最も難しい。だが、ギグ・スタイルを実践するため、可能性に満ちたこの新しい経済形態にしっかり関わるためには、あなたのアイデアを他者に推進させる必要があるのだ。

この章を読む前に伝えておきたいのは、このスキルは練習で磨く必要があるということだ。ただし、新しいタスクを委託するごとにスキルは上達していくだろう。今の仕事のネットワークをつくってきたのと同様に、信頼できるフリーランサーのネットワークが出来上がってくる。

本書でいう「委託」や「任せる」とは、単にフリーランサーに何々をしてほしいと依頼することではない。伝えるだけなら何も難しいことはない。例えば、ウーバーを利用するときのことを考えてほしい。配車を依頼すると、アプリによって行き先までの経路と正確な降車場所が自動的に探索され、ドライバーに届く。だから乗ってからは何の指示も必要ない。あるとすれば、目的地の数ブロック前で止まってもらう正確なスポットを伝えるくらいだろう。こうしてウーバーに乗るときに、あなたがドライバーに寄せた信頼の度合いをイメージしてほしい。

あなたはアプリがない状態で助手席に座って、すべての道順を指示できただろうか？　たぶんできるとは思う。しかし、そこまで詳細な指示を出して自分でコントロールする必要があるなら、自分で運転するのとあまり変わらない。「委託」とは、依頼者は車の後部座席に座り、フリーランサーがあらかじめ送った指示にちゃんと従い、もしどこかでつまずいたら質問してくるだろうと信頼する、ということだ。

僕は今、さまざまなテーマにまつわる自分の主張を裏付けるためのウェブリサーチとデータ取得を複数の人に任せている。それからモーショングラフィックのエキスパートも起用しているし、動画には別のビデオエディターを使っている。時おり、記事やニュースレターの内容を裏付けるために取得したデータを、グラフや表にする必要が生じるからだ。以上のタスクはどれも、僕が他者に委託したタスクだ。僕は、彼らがこちらの指示どおりに作業を進めてくれると信頼している。

前にも説明したとおり、指示はきちんと書き出す必要がある。あなたがじっくり考えて指示を書き出し、期待事項を設定することで助かるのは、フリーランサーだけではない。この作業によってあなた自身も、最終結果に意識を集中させるようになる。僕の知り合いのある小規模事業経営者は、帳簿記帳を代行してくれる人を探していた。彼女はもともと、単純な作業のみを行う従来的なサービスを利用していたが、決算書や申告書などの作成やオンラインアシスタントのタスクも頼める人を探していた。彼女はクラウドソーシングに依頼を投稿し、それまで払っていたのと同じ料金で、自分が求めていたことをすべてやってくれるフリーランサーを見つけた。だが最初に、時間をかけて期待事項や要件を書き出さなければならない。彼女は、自分のビジョンを書き表すことで、新しいクラウドワーカーとの相互理解を図った。

委託とは、職務や裁量を他者に委ねることだ。

職務を任せるのは簡単だ。それならフルタイムの従業員に常にやらせている。職務の実行は彼らの職務記述書にある仕事だ。一方、委託は一定の裁量も与えることになる。こちらの指示と意図に応じてある程度自分で判断してもらうことになる。共有する目標を達成すべく、正しい選択をしてくれるだろうと相手を信頼するのだ。それほど恐ろしいことはないという人は、僕が出会った中にも大勢いた。

僕自身にとってもそれは至極難しいことだったし、ギグ・スタイルを取り入れようにも、ここでつまずく人は少なくない。みなそれぞれに「このタスクができるのは自分だけ」だろうと思っているのだ。自分でなければできない、あるいは自分でなければちゃんとできない、と自分に言い聞かせている。一つには、自分の仕事が特別なスキルだと思っているからだろう。ビデオエディターのケンを思い出してほしい。彼は、自分の制作するビデオは、自分ならではのスキルだと思っていた。他人にやれと言ったら、最悪の結果になるだろう。自分の基準にかなうものはできないだろう、というか、できるはずがない。そもそも、もし自分と同等の仕事ができるフリーランサーが見つかったとしたら、それはそれで自分のスキルが特別なものでないということになる。つまり、自分で自分の価値を下げることになってしまう。人は、委託がどれだけありがたいものかをなかなか認識できない。自分の気持ちに正直であるほど、脅威としか思えない。

部署やチームを管理したことがある人なら誰でも、チームがつくった成果物は自分一人でつくった場合と違ってしまうことをわかっているだろう。それでもあなたは、チームで行った。どんなタスクでも、チームで一緒に乗り越えたのではないだろうか。そして結果的には、考えの多様性によって、そのプロジェクトがよりよいものになったはずだ。さまざまな人たちと仕事をすると新しい考えや視点を得られ、さまざまな課題に対する新しい解決法を見つける助けとなる。

フリーランサーを起用して幅広いチームを形成すると、知識が得られる。僕自身の経験というのは、僕自身の性別や人種、育った場所、学歴、職歴、業界などの制約を受ける。そんな僕一人が何を「よし」とするかは、固定的で硬直した価値観だ。そこへ世界中の人々の視点を持ち込むと、物事に全く違った角度で関われるようになる。その結果、より優れた市場調査や製品デザインができたり、自分の管理能力やコミュニケーション能力の向上を強いられたりする。

ギグ・スタイルはちょっと足を突っ込んで、水遊びを楽しんで元のライフスタイルに戻るような浅い池ではない。信じる気持ち、これはうまくいくのだという信念をもって臨む必要がある。水の中に体ごと浸かり、深いほうまで行って、ほんの一瞬、全身を水面下に沈めるつもりで取り組まなければならない。

でも信じてほしい。あなたは一人ではない。ここにいるリーダーたちもみな、水の中で水面を探す経験をしている。

マイク・モリス「コントロールを手放す」

ポール―委託というものをどうにも受け入れがたいという人に、アドバイスはありますか？

マイク―絶対不可欠な最初のステップは、自分がすべてをコントロールしなくてはならない、という意識を捨てることです。委託や委任や委譲は、マイクロマネジメント〔詳細な指示を出し、すべてを取り仕切ること〕の正反対の言葉で、言ってみれば「コントロールを手放す」という発想です。

これはギグ・スタイルの重要な要素であり、自分の感覚を慣らす必要があると思います。私たちの大半は、自分が作業しているところを監視され、それが仕事をしている証になるという、指揮命令モデルの中で育っています。

産業革命によって、工場や、労働者の管理方法が確立された経緯はよく知られていますよね。それが、今日の組織管理でもまだ幅を利かせているのです。コントロールを手放すことに抵抗を感じる人が多いのはそのためです。ステファン・カスリエル（アップワークCEO）の記事にあるように、われわれは21世紀の仕事を、20世紀の管理技術で行っているんですよ。

今日の企業はリモートワークを積極的に取り入れ、従業員の成功をデスクに向かう時間ではなく、結果で判断するようになってきています。

私が新人マネジャーだったとき、期日どおりに仕事を完了させられるか、とても気を揉んだものでした。この人は本当に仕事をちゃんとやってくれるんだろうかと、心配で仕方がなかった。毎日、同じ心配、同じ焦燥感を抱えていました。知らない、わからないという状況は、人を不安に陥れるんです。それは絶え間ないストレスになります。

そこで私はこんなことを考えつきました。「人の仕事ぶりは、自分にはコントロールできない。だけど、リスク回避ならできる。管理ならできる」と。自分の力を信じることも必要になります。そしてもっと大事なのは、他者を信じることです。ギグ・スタイルを実践するときは、このフリーランサーは自分とは違う世代だから大丈夫だと信じたらいいでしょう。この人は、自分とは違う環境、自分とは違う場所で育ったのだからと。なんなら今どこにいるかもわからないんですから。

ともかく分散モデルに慣れる必要があります。私が思うに、その成否は、あなたが人に執着するより、最終結果に執着することができるかどうかにかかっています。だから私は、人で判断しません。もちろん、その人がどのくらい優れているか、どんな実績を持つのかは重要なんですが、本当に重要なのは、私が得る成果物です。誰にだって好不調の波はありますから、肝心なのは最終的な成果物です。

私が知りたいのは、自分に戻ってくる成果物がよい成果物かどうかだけ。それに尽きます。みなさんも自分の意識を変えて、そこに集中できるようになったほうが、最終的には人間関係の捉え方もポジティブになるでしょう。

個人に対する指揮命令は手放し、その代わりに自分に戻ってくる成果物の品質、出来栄え、結果に集中することです。そうすると大きく意識が変わるでしょう。

それに対し、多くの人、特に巨大産業でよく出会う人にいまだ見られるのは、自分の部下の数を誇りにする価値観です。ギグエコノミーでもその数字がものをいうと思っているようです。でも私にしてみれば、あなたが達成したタスクの数、市場に送り出した製品の数は？と聞きたい。

私に言わせれば、それこそが、オーディエンス［クラウドソーシングのコンテスト応募者］と生産者、そして消費者にとって正しいやり方だと思うのです。

ポール―つまり、すべてのプロセスを最終結果に結び付けるということですね？

マイク―そのとおりです。ネットワークの人々があなたのビジョン達成を手伝ってくれれば、共に目標に早く到達できる。委託がもたらすもの、それは結果です。

スティーブ・レイダー「クラウドの底力」

ポール―NASAでコントロールを手放すというのは、難しいと想像しますが……。

スティーブ―それに関連したエピソードがあります。以前、国際宇宙ステーション（ISS）関連のプロジェクトで、ISSのあらゆる備品がどこにあるかを追跡するためのRFID（無線自動識別）システムを開発したことがありました。ISSには何千もの備品があり、無重力空間では小物がふわふわと浮いてしまい、どこへいったかわからなくなる。そこでRFIDを使った追跡システムを備品の管理に役立てようというものでした。担当チームはシステムの改良を重ね、現在は、より正確に物を追跡するために機械学習のアルゴリズム開発に取り組んでいます。ただ、チームはこのプロジェクトを外部に説明するのに苦労していました。結局、説明動画を制作することになったのですが、それでも何から手をつけてよいかわからなかったようです。

以前からフリーランサー・ドットコムを利用していたわがＣｏＥＣＩ（協働イノベーション研究拠点）チームは、クラウドソーシングを活用すればグラフィックやアニメーション、そして３次元ＣＡＤモデルの作成までできることを知っていました。ビデオ制作関連のスキルを持ったフリーランサーがたくさんいることを知っていたのです。われわれはＲＦＩＤのチームに、関係書類をこちらに送りプロジェクトについて説明してくれと言いました。そしてその情報をフリーランサー・ドットコムに送って、絵コンテ制作のコンテストを開催したのです。ＲＦＩＤ追跡プロジェクトを説明する３分動画の絵コンテです。結果、優勝したのは、グラフィックのスライドだけを使ってとてもすてきなストーリーをつくったオーストラリアの心理学者でした。そしてわれわれは、彼女の絵コンテを基にした動画を制作するために、また別のコンテストを開きました。

この二つにかかった費用は合わせて約４５００ドルですが、われわれはすばらしい成果を得ることができました。もしこれらの作業を制作会社に依頼していたら、いかほどの請求書が来るでしょう？　多くのスタッフを抱えるスタジオが、絵コンテを見て脚本を書き、アニメーションを制作する。熟練労働者の工数がばんばん投入されますよね。われわれがクラウドソーシングのコンテストによって、コストを何桁か節約したのは確かです。

絵コンテで優勝した心理学者は、その後、他のプロジェクトにも応募するようになりました。われわれが、次期宇宙船を覆う放射線防護シールドの「折り紙」デザイン［大きな面積のシールドを格納するために折り畳む方法のアイデア］を募ったコンテストにも、またすばらしいデザインをスライドショーで寄せてくれ、入賞しました。そのときは2D画像での応募でしたが、その後彼女が、3次元CAD［立体形状作成ソフト］を使って応募し始めたことに気づいたんです。

私は、去る12月に講演でオーストラリアに行った際に、彼女と話をすることができました。そのとき教えてもらったのですが、彼女はあれ以来、こうしたコンテストにとても興味を持ち、参加したい、NASAのミッションに貢献したいという気持ちが強まって、CADを学んだというのです。その意欲はとどまるところを知らず、次は3Dプリンターまで購入しました。その仕組みがとても気に入り、すごいことができそうだと思ったそうです。そして彼女は、われわれが開いた惑星物質試料を採取するシステムのデザインコンペで2位に入賞したのです。GrabCADというのは、500万人の機械技術者やデザイナーが登録するプラットフォームですから、彼女は優勝者を除いた全員を凌駕したわけです。

それから、ロンドン・ビジネス・スクールが数年前に行った興味深いケーススタディもあります。ロシュ・ダイアグノスティックス――研究開発に年間80億ドルを注ぎ込む大手多国籍製薬会社――が、クラウドソーシングのコンテストの実効性を試していました。同社は未解決問題数件をグループ全体から集め、コンテスト課題としてイノセンティブ上で出題しました。

その課題の一つに、診断検査用の臨床サンプルの量と質を正確に計測する手法を考える、というのがありました。これは、ロシュが15年にわたって解決を試みるも成功しなかった課題です。イノセンティブが、2万ドルの賞金を提示して60日間のコンテストを開催した結果、実施可能なソリューションが2件見つかりました。しかし、何より驚きだったのは、採用されなかった提案を改めて調べてみると、それらはすべてロシュが過去15年の独自の研究で試みたアイデアと重なっていたことです。つまり、同社が15年かけて得たアイデアが、バイオテクノロジーの専門家でもない12万人のクラウド・コミュニティから、たった60日間で集まってしまったということです。彼らが適用してきた15年分相当の専門知識が得られたというだけでも脅威的です。

クラウドの本当の底力は、まだ誰も知らないといってもいいと思います。適切なインセンティブと枠組みを設定すれば、本当に驚くべき成果を引き出させてくれる特性と柔軟性を持っています。

私は、この先5年か10年のうちに、誰かが数時間でハイパフォーマンス・チームを結成する方法を考え出すと思うんです。優秀な人々を結び付け、適切なコラボレーションの場に連れ出し、課題解決の依頼者に引き渡すシステムです。

一つのサイトがそのようなハイパフォーマンス・チームを同時に150組くらいひねり出せるだろうから、今まであり得なかったようなスピードでソリューションが見つかるようになる。ハイパフォーマンス・チームは、ただでさえ普通のチームの5〜6倍の効率で成果を出すでしょう。個人では複雑すぎる課題も扱うことができます。これから先の驚くべき可能性が見えてきます。

ダイアン・フィンクハウゼン「人材調達と内部統制システム」

ポール―あなたは、委託を新人研修のようなものだと考えているとか?

ダイアン―フリーランサーの起用は、仕事を社員に任せるのとさほど変わりません。信頼できるかできないかの問題です。

ポール―どうすればコントロールを手放し、ネットワークの人々を信頼できるようになるでしょう?

ダイアン――人材を管理している人には、自分が社内のエキスパート人材をどのように調達し、教育し、仕事を任せてきたか、思い起こしてほしいのです。フルタイムの社員を管理し職務を任せる方法や統制方法の多くは、フリーランスのエキスパートの管理に適用できるものです。

それらの方法を外部委託に適用するには、どんな業務でもそうですが、優先事項の設定、優れた人材、成功の定義、成功を助けるツールや情報の提供を慎重に行い、絶え間なくコミュニケーションと協働を続ける必要があります。つまりは、成功を定義する、優れた人材を採用する、彼らが成功するために必要な環境、サポート、裁量を与える、ということです。事前の準備を整え、人材に目標を達成するための裁量と意欲を与え、そのプロセスと人材を信頼するのです。

ただし、相手が社員であれフリーランサーであれ、エキスパートたちを管理するサポートとしての業務管理体制や内部統制システムは必ず存在します。運用の鍵は、結果を得るために、その専門分野や能力にマッチした仕事の割り振りとワークフローを設計することです。人材調達とワークフロー設計の過程で、一つ非常に重要な点があります。それは機密情報をどのように守りながら進めるかです。ただ、誰かが不適切な行動をとるかもしれないリスクは、特定の人材の集団に限られるものではないでしょう。フリーランサーでも社員でもサービス企業のスタッフでも、トラブルメーカーになり得るのです。どのような人材集団でも、上手に委託するにはしっかり目が届くような体制と統制システムを保つ必要があります。

6年前にわが社のフリーランス・ネットワークであるジニアスリンクを構築し始めた私は、このフリーランスの枠組みやツールを重工業の業務に導入すれば、企業業績の向上に役立つと強く信じていました。そこで、知的財産や労働、雇用に関わる部署と緊密な連携をとりながら、スケーラブルでコンプライアンスに沿ったエキスパート運用システムを構築したのです。6年経った今、ジニアスリンクの運営がパラダイムを変えたことが明確になっています。

われわれは、自社チームとクライアントに60億ドル以上の成果をもたらしました。そして、何ができるかという可能性を塗り替え、社内外のすばらしいエキスパートのコミュニティと協働し、効率的な仕事の仕方のビジョンを社内に示し、彼らがより大きな成功を達成できるよう従業員体験を向上させてきました。

目まぐるしい変化、新たなテクノロジー、市場への新規参入者など、喧噪なビジネス環境の下、専門家たちはギグエコノミーの枠組みやツールを、流行りだとか「あるといい」ものとして括りがちです。しかしギグエコノミーの人材は、単に仕事を完了させるための枠組みやツールの一端を担う人々です。彼らは、その仕事の成果を増大させる道筋となり得ますが、けっして解決策そのものではありません。彼らは、ビジネスの優先事項をよりよい成果に結び付けるために、インターネットでつながることができ、より細分化され、より有能な可能性のある人材の集合体です。また、組織の業績向上を推進する、柔軟性のある、多種多様なエキスパートとソリューションのポートフォリオでもあるのです。

私は誇張表現が好きではありませんが、タスク化とデジタル化という二つのツールを使って業務の再編をすれば、問題からミッション、人材、ソリューションへと効率的にジャンプすることができるようになります。

クラウド・コミュニティは、生身のスーパーコンピューターのようなもので、必要なのは適切なプログラミングだけです。

タッカー・マックス「期待の設定と管理」

ポール―スクライブはリモートワーカーの大所帯を抱えていますね。どのように適切な人材をまとめ、あなたのビジョンを担う役割を負わせているのですか?

タッカー―そこのところは簡単です。ガイドラインを記した文書があるし、Ｔｅａｍｗｏ

rkというオンラインのコラボレーションツールを使っています。わが社のビジネスモデルは、フリーランサーたちに仕事を割り振り、彼らがそれを遂行してくれると信頼することで成り立っています。もちろん、ワークフローを管理し、中間目標や締め切りを設定したりする出版マネジャーを配置していますが、ほとんどはフリーランサーの自主管理ですね。難しいのは、往々にしてタイプA［血液型ではなく、アメリカの医師によって、心疾患のリスク要因になりやすいと定義された性格特性のこと。競争心や攻撃性、承認欲求が強い、短気でせっかち、といった特徴がある］である著者に、見知らぬライターと心を通じ合わせ、本の執筆という非常に個人的な仕事を代行させなくてはならない点です。

ポール――著者たちにとって、さぞかし大きなチャレンジでしょうね。

タッカー――これは最大の課題の一つです。われわれは、人生で成功してきた、上昇志向の強い人たちの心理をうまく扱えるようになる必要がありました。そういう人に向かって「あなたは仕切らないでくださいね。ご自分のエゴを捨ててもらわないとこのプロジェクトは進みません」と、お願いベースではなく、指示をしなくてはならないからです。

これは相手がどのような著者でも、少なくとも執筆代行コースでは従ってもらわなくてはならないのです。

今はこちらの枠組みと指導に従って、著者に自分で書いてもらう「指導つき自己執筆」というコースも設けていて、僕自身が担当しています。プログラム全体を僕が監督しているんです。著者に来社してもらい、2日間の講習を受けてもらいます。その講習も僕自身がやっています。本当に優れたプログラムなんですが、1年半ほど前に始めたばかりなので、まだ新しい試みといえます。

ですから、今のところほとんどの著者が執筆代行コースです。正直、すごく大変ではあります。この種の人たちの心理に対応するのは、わが社の最大の課題の一つでした。新規のゴーストライターにプロセスを説明すると「なんですか、それ。すごく複雑で、必要なさそうな工程も多い気がしますが」とびっくりされることがよくあります。

ゴーストライティングの経験が浅いとか、あっても単発で請け負ったことがある程度というライターもいるので、彼らは全体のプロセスや著者の心理をマネージするのがいかに大変かを理解していないんです。

一方、経験豊富なゴーストライターはうちのプロセスをとてもよく理解し、感心してくれています。「やっぱり、そうですよね」と。彼らは、あらゆるパターンのひどいクライアントや、クライアントとのひどいやり取りを経験しているからです。

とはいえ、著者との問題の80パーセントは著者以外のところに原因があるのです。期待値の設定がまずかったり、期待の管理がまずかったり、著者のニーズに合わせつつ出版のニーズを満たすことができていないといった原因です。

２０１９年8月に設立5周年を迎えたわが社ですが、「これでいけそうだ」と思える状態に持ち込むまで、少なくとも3年半から4年かかりました。

まあ、僕の求める基準が高かったというのもありますが、著者との関わり方といった問題を克服するのは非常に大変でした。

わが社のCEOも口を酸っぱくして言っています。あまりうるさく言うので、われわれはよく、彼のオフィスの壁に「期待を管理する」とか「期待を設定する」といたずら書きをしていたほどです。でも彼の言っていることは正しい。なぜなら、賢くて立派な経歴があり、大きなことを成し遂げ、おそらく人生のほとんどの領域で物事を仕切ってきたであろう人、物事を心得ているつもりの人に、厳しいことを言わなくてはならないからです。

多くの人は、自分は文章が書けると思っています。「毎日メールも書いているし」と。そんなことを意識的に言ったりしないにせよ、無意識的には自分が書けると思い込んでいる。でも、そうではないんです。ほぼすべての人が間違っています。みんな文章がものすごく下手です。仮に文章がうまかったとしても、本の執筆がメールを書くのとどう違うか、全く理解していません。

すばらしいブログ記事を書いている人は大勢います。彼らは、500～5000ワードくらいのものを書かせたらすばらしいでしょう。でも、構想を組み立てることに関しては何もわかっていません。そして自分がわかっていないことに気づいていません。

ここで彼らの期待を設定し管理しておかないと、わからないままになります。自分が何をわかっていないか、わかっていないのですから。そこで、われわれはかなりの時間を費やして説明します。電話やメールで繰り返し伝えるのです。これはすべて、適切な期待を設定するためです。

顧客もスタッフもフリーランサーという場合、期待の設定は不可欠です。優れたフリーランサーは期待を設定します。でもほとんどのフリーランサーはそこがダメです。それぞれのスキルには長けていても、フリーランスの仕事をするための基本ができていない人が多い。

うちのライター（フルタイムでもパートタイムでも）がわが社の仕事をするときは、彼らの通常料金の50～90パーセントでやってもらっています。なぜなら、わが社で仕事をする場合は、フリーランスで働くことにまつわるすべての面倒がかからないからです。まず、クライアントを自分で探す必要がない。そしてクライアントの管理に気を使うことなく、仕事だけすればいい。支払いに関する心配も要らない。仕事以外の面倒なことは一切やらずに済む。ただ、自分のスキルだけを携えて仕事に来てくれればいいんです。こうしたお膳立てをすべてこちらがやっているのは、彼らにとって大きなメリットなのです。

フリーランサーのチームを構築するとき、つまりフリーランサーに自分のタスクを担当させる際は、以上のようなポイントを念頭に置いてほしいです。そこを押さえておけば、クラウドソーシングの使い方の要領がわかっていない発注者と差がつきます。期待を設定し、期待を管理し、あなたの必要とすることを明確に伝えることです。

ポール——そしてネットワークを信頼することですね。

依頼の仕方

みんなが一番苦労する課題はコミュニケーションだ。それがうまくいかないという人たちを僕は何千人も見てきた。彼らは僕の講演を聴き、この意識改革で人生が変わるとわくわくする。さっそく依頼してみたいタスクを選び、期待に胸を膨らませる。タスクを細かい工程に分けるのは楽勝だ。エキスパートの特定・認識も、候補者があちこちにいるじゃないかと好調だ。だが、委託の段になると急ブレーキがかかる。

仕事の背景を共有していない人にどうやって自分の期待事項を伝え、コントロールを手放し、信頼すればよいのかわからず、困ってしまうのだ。僕は数年前に、実験のために自分が利用しているオンラインアシスタントのアカウントを複数の知人友人に教え、使ってみるよう勧めたことがある。その一人と散歩をしながら感想を聞いてみると、彼女は「何を委託すればいいのかわからないのよ。アシスタントなんて持ったことがないから」と言った。未経験者はそんな感じなのだ。

いざ委託をする際には、依頼したいタスクを明確に伝えなければならない。詳細な指示をして、じゃあ頼んだよ、とその場を去らなければならない。そういうことに慣れていない人は多いのだ。人と会って口頭で説明するのは簡単だと思う。だが、委託するためにプロジェクトの概要を説明する文を書くとなると、けっこう難しいのだ。

それはよくわかる。自分の仕事は自分にとって当たり前になっている。目をつぶっても、詳細を頭に描くことができる。しかし、クラウドソーシングで委託するには、何も背景を知らない人と協働し、その人に自分の希望や期待を担ってもらわなければならない。自分にとってけっこう勉強になるプロセスである。

「これをやってね」と言うだけが委託ではない。期待事項や日程を設定し、エキスパートたちとしっかり関わりながら進めていくものだ。自分のビジョンを明文化し、参考例も示す。また、相手もプロであり最良の成果をあげたいのだと信頼する。そして何より、最初から最後までオープンマインドと好奇心を忘れないことが大切だ。

初心者の中には、逆にやりすぎてしまう人もいる。指示が細かすぎて、エキスパートに一切裁量を与えないのだ。かと思えば、説明が曖昧すぎ、それでは何も言わないのと同じじゃないかというような人もいる。また、非現実的な納期を求め、協働どころではない人もいる。だが、どうであれ練習が必要なのだ。最初からうまくできると思わないほうがいい。試行錯誤の余地を持って臨もう。

例えば、オフィスでのランチミーティングのために、10人分のケータリングを手配する必要があるとする。これをオンラインアシスタントに依頼する場合、単にレストランを探してほしいといっても、芸のない答えが返ってくるだけだ。そのリストの中には、あなたのニーズに合った店も入っているかもしれないが保証はない。メンバーの食事制限やアレルギーなども考慮して探すべきだ。ともかく「レストランを探してほしい」だけでは情報量と事情説明が不十分で、よい結果は期待できない。

同僚や友人にお薦めの店を聞くなら、信頼できる答えが得られるだろう。僕の友人は、僕のことを知っているからだ。僕がどういう食事に満足するのかという背景を互いに共有しているので、彼らなら日本式の焼肉（とてもおいしい。本書での唯一のグルメアドバイスだ）の店をいくつか勧めてくるはずだ。友人のお薦めには、背景と、何年ものつき合いの中で共有してきた経験が反映されているのだ。だがフリーランサーは、一緒に仕事をした経験がない限り、そういう共有知識を持っていない。だからあなたが導いてあげなければならない。

フリーランサーに店探しを頼むなら、もっと詳細な検索条件を提示する必要がある。「ランチのケータリングを注文できるレストランを探しています。私の職場から15マイル以内のところを希望。上司はできればイタリアンを希望しており、また、ビーガン食に対応してもらう必要もあります。そして、予算は一人30ドル以内です」といった具合に。

同じ依頼でも、このように背景を説明する。指示や条件は具体的なほうがよいが、あまり具体的すぎると自分でやるのと変わらなくなる。オンラインアシスタントに「今日の夜は、マクドナルドで食事をしたい」というのなら、時間とお金を無駄にするだけだ。

正直、委託は僕自身もコツをつかむまでしばらくかかった。自分を訓練しなければならず、最初の頃は失敗もあった。あなたがそれを繰り返さなくていいよう、僕の失敗を本書で共有する。僕の知識やアドバイザーたちの体験を成功に役立ててほしい。

誰か代わりにやってくれませんか？

次に、問題について話そう。ずっと「SHOULDリスト」に載っていて、ついにやることを決めたプロジェクトがあったとする。それを小さなタスクに分解したら、大変なことが大変に感じられなくなった。簡単で小さな工程になり、よりシンプルな作業に見える。だが、ここで何度も言ってきた問題が出てくる。それは、要領を得るまで時間がかかるということだ。

あなたは、自分のタスクをやってもらえそうなエキスパートを世界中に見つけた。このフリーランサーたちは、あなたが分解した各工程を遂行し、目標達成を手伝うスキルと意欲を持っている。すばらしいではないか。だが、いざチームが揃ってみると怖くなるのだ。「SHOULDリスト」にあったプロジェクトを自分一人のものにとどめておけば、失敗しても敗北感を味わうのは自分だけだ。だが、複数の人を巻き込んでしまった今は、みんなが目標を見ている。そう思うとすごい重圧を感じるのだ。会社の仕事を委託する場合は、より強いプレッシャーを感じるだろう。会社の部署のメンバーや上司が成果物を待っていると思うと、板挟みの気分になる。

大きなこととの委託には練習が必要だ。小さなタスクの委託から始めれば、徐々に複雑なことを依頼できるようになるだろう。ともかく時間とのつき合いが鍵になる。そのプロジェクトを細分化した工程を見直してみよう。これを自分でするのを諦めれば代わりに何ができるか、委託に出すべきタスクはどれかを考えてみる。どんな仕事に就いていても、あなたの時間は限られている。職場が郵便室であっても、最上階の角部屋のオフィスであっても、1日の持ち時間は同じだ。やりたいことをすべてやるのは無理。やらなければならないことも、すべてには手が回らない。少なくとも自分一人では無理だ。だから、自分の生活全体を考慮して、外に委託できそうなことを選ぼう。自分の時間と余裕を得るためにコントロールを手放してもいいと思えるタスクはどれだろう？

僕も本書のアドバイザーたちも、ある同じ感覚を味わっていた。自分の生活や仕事や家族のことを考えると、自分が何人いても足りないと感じるのだ。仕事をがんばりたい。成果を残したい。一方で、家族とも時間を過ごしたい。だが、ギグ・スタイルを実践し始めると、新しい可能性が見えてくる。

だからこそ小さく始める必要があるのだ。大きなことの委託は一夜でできるようにはならない。小さなプロジェクトをたくさんやって練習を重ねよう。

まずは小さなことから。クラウドソーシングのシステムで、2〜3のプロジェクトをやってみよう。プラットフォームを一つ選んで、オンラインアシスタントとコミュニケーションし、詳細な指示を伝える練習をする。ただ詳細といっても、数ページにわたる文章を書くのではなく、作業要件を数項目の箇条書きにまとめる。

コントロールを手放すのは難しいが、信頼できるフリーランサーが増えてくるにつれ、慣れてくる。目標は、選りすぐりのグループを作ることだ。しばらくするとわかると思うが、あなたの価値は、すべての仕事を自分一人の手で行っている部分にあるのではなく、エキスパートたちを起用し、多くの需要に応えられてこそ高くなるのだ。ビデオエディターのケンは、ビデオの制作キャパシティを月に数本から40本以上に増やした。彼は、自分の画期的な動画を制作するためのタスクの多くをエキスパートに任せることで、むしろ自分の価値を高めた。あなたもギグ・スタイルによって得られた時間を何に使えるか考えてみよう。

仕事でやってみたかった特別なプロジェクト、いつも後回しになっていた家族での活動、家族や友人に会いに行く旅などはないだろうか？　自分の時間を取り戻せば、可能性が解き放たれる。その出発点が委託なのだ。

プライベート生活をそこまで改善する影響力があるのだから、組織のマネジャーの立場で委託を活用したら、どんな効果が期待できるだろう？　昔のマネジャーの発想はとても単純だった。出社し、会議で高い背もたれのイスに座り、自分のオフィスでは大声で指図し、社員に「説教」をする。

あなたの社員や部下たちにもギグ・スタイルを活用させれば、自分のチームの戦力が増強する。メンバー一人一人が、プロジェクトを回す主導力になり、以前には持ち得なかった専門知識を持ち込んでくる。僕もコントロールを手放し、細かい管理をやめ、完全な権限委譲を心がけてきた。そしてしばらくすると、人を心底信じて裁量を委ね、仕事をちゃんとやってくれると信頼できるようになった。そして、新しく参加するエキスパートの相談役となり、どのような形であれ彼らの障害を取り除く役割を担った。

自分のデフォルトをリセットすることで、進化した。それがいまだかつてない変化をもたらす。あなたには本書のエキスパートの話も聞いてもらったし、僕の失敗からも学んでもらった。

さあ、今度はあなた自身でチャレンジする番だ。

やってみよう

ここは、T・I・D・E・メソッドを実践するうえで肝心な部分であり、多くの場合、最も難しい部分でもある。僕も大きなことを委託する技を磨くのに時間がかかった。そして現在も、毎日が勉強だ。次に挙げた項目は、プロジェクトにエキスパートのフリーランサーを起用する準備の際にチェックすべき事柄だ。これはクラウドソーシングに限らず、リモートでのいかなる協業にも役立つ。

1 自分のプロジェクトあるいはタスクの成果物は何か？　それらが綿密に検討され、明確に文書化されているか？　多くの人にとって、自分の期待事項や期待する結果の詳細説明を書き出すことは最大の課題だ（プロの秘訣：散歩をしながら考え、携帯に録音し、文字起こしをフリーランサーに委託しよう。それをさささっと編集すれば出来上がりだ）。

2 スケジュールや納期は？　これらを把握しておくことは必須だ。初動時は連携を築くための時間的余裕も組み込むこと。あなたは新しい仕事の進め方を学んでおり、フリーランサーはあなたのタスクをいかにうまく仕上げるかを学んでいるのだから。

3 自分の仕事／タスク／プロジェクトは最終的にどうなれば成功といえるだろうか？　最終結果から工程を逆算していく方法を勧めている。成果物を明文化するときは、頭に思い描いていることを、よく考えながら言葉にしていこう。

4 委託しようとしている作業が、プロジェクトやビジョン、事業目標全体のどういう部分なのかを説明に加える。フリーランサーと仕事を始める際に乗り越えなければならない大きなハードルの一つが、みんなで背景を共有することだ。本書の執筆でも、大勢のすばらしいフリーランサーにリサーチを手伝ってもらったが、依頼の際には毎回、本の執筆のためのリサーチであることだと伝え、本の概要を1ページにまとめたものを渡した。こうすることで、みんなが共通の認識を持ち、優れたリサーチの参考になる。

5 希望する連絡手段や頻度を伝える。「特定・認識する」の章でも言及したとおり、ほとんどの人がこれを忘れるか、事前に伝える必要性を感じていない。だが、相手とコミュニケーションをとることは、信頼できる仕事関係や、高品質の成果物、スケジュールの遵守に欠かせない重要な要素だ。逐一細かい指示を出さなくてもいいように、進捗状況をどのように伝えてほしいかも伝える。

6 進行中に建設的なフィードバックを与える（自分に対するフィードバックも求める）。具体的に伝える。そのタスクをその方法で行うのはどういう理由があるのか、それが最終目標にどう関係するのかを説明しよう。

7 コントロールを手放す、あるいは失うことによってどうなることを自分自身は恐れているのか？　この章の締めくくりとして考えてほしい。自分がなぜそうした不安を持っているのか自問し、フリーランサーに委託する機会をもっと探すようにしよう。

進化する

[Evolve]

8

「将来を予測する一番の方法は、それを自らで生み出すことだ」

——アラン・ケイ（元アップルフェロー特別研究員）

変化の第一歩は、問題の存在を認めることだ。あなたは、ある日突然、自分が自分の望む人生を歩んでいないと気づく。自分は行き詰まっている一方、周りの世界は自分より早く動いている。ビジネスが変化し、人々の生き方も仕事の仕方も変わった。でもあなたは立ち止まっている。流砂から抜け出たければ、進化を遂げる必要がある。

加速化するテクノロジーの発展に対応するには、新しい環境に自らをアダプト（順応）させ、新しいものをアドプト（習得）するしかない。学び直しが不可欠であり、「進化」の要である。

僕自身がギグ・スタイルに移行するには時間がかかった。納得できるシステムが確立するまで、毎日が試行錯誤の繰り返しで、タスクやプロジェクト、趣味でいろいろなことを試した。SHOULDリストに挙がっている項目を細かいタスクに分解し、どんなエキスパートの手を借りるべきか特定・認識し、自分にはない余裕やスキルを持つフリーランサーに作業を委託した。そして数週間、数カ月が経つうちに、ギグエコノミーの威力が発揮されるのを目の当たりにした。自分の作業量が減る一方、生産量は劇的に増えたのだ。自分一人の手で行うよりはるかに大きな成果を残せることを知った。

そして僕は、以前なら夢にしか見られなかったようなプロジェクトに着手し始めた。かねてから頭に描いていた記事の執筆、多岐にわたるテーマのリサーチ、今あなたが手にする本の出版などを、フルタイムの仕事、家族時間、自分の時間の合間に進めることができた。やっているうちにどんどん弾みがついた。フリーランスのネットワークへの信頼が高まるにつれ、より複雑なタスクを委託できるようになっていったのだ。挑戦を重ねるうちに自分の委託のスキルが上がり、レベルアップし、さらにスキルが磨かれていくさまは、ビデオゲームさながらだ。

新しいライフスタイルに順応するには、自らが進化しなくてはならない。フリーランサーとのやり取りを重ねるたびに、何かを学べるので、身を乗り出して耳を傾ける必要がある。進化を遂げ、ギグ・スタイルに熟達するために自分に何ができるかを学ぼう。みな、ダイエットに苦労したらフィットネスインストラクターに相談し、体の悩みがあったら医者に相談する。では、キャリアが停滞したり、有害な状況が生じていたらどうすればいいか。僕は、キャリアコーチを探そうとする人の少なさに、正直驚いている。

本書の「はじめに」で述べたが、僕はキャリアコーチを何人か使ったことがある。彼らは、人生になくてはならないといっていいほど助かる存在だ。

職場でもそうしたサポートを求めよう。あなたの会社は、あなたを価値ある社員に育て上げるために多くの時間と資源を投入している。言ってみれば、あなたの成功に投資しているのだから、あなたをレベルアップさせる、すなわち生産性を上げるためのツールを提供したくないはずはない。

数年前に、ビデオエディターのケンとテーブルで向き合い、クラウドソーシングの利用初心者が直面する課題をどう克服すべきか、話し合っていたときのこと。ギグエコノミーで人や環境がどう進化したかという話題になると、ケンが突然立ち上がって、部屋の前のほうに歩いていった。そしてホワイトボード用マーカーをつかんで、ボードいっぱいに「ノーモア・オールナイター（徹夜）」と殴り書いた。

僕たちは、二人とも動きを止めた。よくある、感動的な映画のワンシーンのようだった。一日中ああでもないこうでもないと話していたことを、ケンがうまくまとめてくれた。ギグエコノミーによる仕事の仕方の変化に、われわれが求めていたもの、期待していたものは、フリーランサーを見つけることだけでも結果だけでもない。それは、仕事のあり方の進化、すなわちノーモア・オールナイターだったのだ。

ギグ・スタイルは、忙しくなるためのものではない。あなたは既に忙しい。そんなあなたに、タスクを次々にこなし、メールを管理し、ビジー・トラップにはまる方法を指南する本はこの世にごまんとある。だが僕が伝えようとしているのは、そうした仕事の一部を手放すことで、コントロールを取り戻せるという考えだ。自分の時間を取り戻し、進化するのだ。

イーロン・マスクは、速い車を作ろうとしたのではなく、世界を変えようとしていた。新しい車は、そのプロセスの第1ステップにすぎなかった。テスラ社は、それまでの当たり前をすべて覆した。ゼロからスタートし、それまで誰も見たことのないものを作り上げた。

サティア・ナデラCEOは、マイクロソフトにやってくる直前に、『Hit Refresh（ヒットリフレッシュ）』という本を書き、職場の力学を変革することについて述べていた。

ビル・ゲイツは「人は1日でできることを過大評価し、10年でできることを過小評価する」という名言を残している。変化はゆっくり起きるものだ。僕は、毎朝、起き抜けに新案件を委託してみる。これもささやかな進歩なのだ。最新最高のバージョンの自分自身に向けて、這いつくばっている。だが、数年前の自分を振り返ると、大きな歩みであることに驚く。

進化の鍵は、自分自身を、ゆっくり丁寧に変えていくことだ。僕の言葉を鵜呑みにしなくてもいい。本書のアドバイザーたちも同じような苦労をしているが、みな、晴れて成功している。

マイク・モリス「三つの変化とギグエコノミー」

ポール―進化、すなわち状況を変えるというテーマについてですが、トップコーダーでは、どんな変化を見てきましたか？

マイク―同時に三つの大きな変化がありました。一つは、フリーランス業界が急成長し、フリーランサーの側でそれが起きたということです。それが現実の動向なのです。数年前と比べ、フリーランスになる人の増え方が加速しています。

いろいろな研究報告があると思いますが、われわれの業界では、収入源として、従来的な雇用ではなく、フリーランスの仕事を選択する人が、確か5割を超えています。ものすごく大きな動向なのに正しく取り上げられていないんですよ。われわれの経済に大きな影響を及ぼす問題なのに、アメリカ政府の経済報告はギグエコノミーのフリーランサーを正確に把握していません。そういう問題はありますが、ともかく、フリーランサーの急増は大きな動向で、今後も続くでしょう。

そして、大事な潜在的問題が解決されないまま、この動向が起きています。それは例えば、生涯ギグワーカーの人の老後の生活保障をどうするのかとか、従来的な雇用で通常提供される健康保険やその他の福利厚生はどうするのか、どうすればギグワーカーは生きていけるか、といった問題です。

こうした課題はいずれ、時間、そして、わがトップコーダーのように解決を図ろうとする企業によって解決されるでしょう。これらの課題が以前ほど問題視されなくなれば、従来雇用の代わりにフリーランスを選ぶ人の割合はさらに増えるでしょう。

私が大学を卒業した時代は、フリーランスの仕事といえば、私の知る限り、まともな職が見つからなかった人のすることでした。でも今は全く違います。私はたくさんの人にアドバイスをしていますが、たまにこう言うんです。「ほんの短い期間、どんなものかを知るためだけに普通の仕事に就いてごらん。それからフリーランスをやってみるといいよ」と。ギグエコノミーがあまりに魅力的なものだから、従来的な仕事に一度も就かずにフリーランサーになる人がいるんですよ。

だから私は「普通の勤務時間に働いてみてごらん。そうすると、ハッピーアワー〔飲食店が早い時間帯に提供する割引〕を利用できるありがたみがわかるから。そういう経験をしてからフリーランスをするといい」と言います。せめて大学生活だけでも経験しておいたほうがいい、とわが子を諭す親のような気持ちなんですよ。ともかく、10年前、20年前と比べても、状況が大きく変わっています。

二つめの変化は、ＡＩ、人工知能です。ＡＩは職場のデジタル化と並んで、非常に大きなトレンドです。職場のデジタル化とは、従来的な業務プロセスをプラットフォーム上で管理できるようにすることをいいます。アナログで行っていたことを、クラウド上で行うようにするのです。

そうすると、それらの業務プロセスにＡＩが使えるようになるんですね。ビニール盤のレコードにＡＩは使えないが、ＭＰ３になら使えるのと一緒です。ＡＩ技術は多岐にわたる形態で発達していくでしょう。われわれは、7カ月後には50倍の計算性能では間に合わなくなるのですが、プロセスの自動化によって処理速度をどうにか30〜40パーセント上げる方法を考え出す予定です。まだ、それが全体の能力や成果に影響する状況には至っていませんが、ロードマップに織り込んでいます。

われわれは、こうした業務プロセスの変化に直面しているのです。先日、うちのCTO（最高技術責任者）とのビデオ会議でも、テクノロジーがいかに急速に進化したかという話になりました。まるで古き良き時代を恋しがっているじいさん二人ですよね。でも、IT業界はそのくらいのスピードで動いているということなんです。35歳でも、技術の習熟が足らず落ちこぼれる可能性はあります。

つい5年とか7年前まで、車の自動運転の話をしただけでクレイジーだといわれたものです。でも今は、現実に自動運転の車が走っていますからね。AIは、ソフトウェア開発や、デザイン、データサイエンスにおける単純作業をやってくれます。データ設定や、データ検索、データ分析、作業範囲の規定の他、プロセスをクラウド環境に展開し、そのクラウド環境を管理する、といったことに使えるのです。公道で自動運転の車を走らせ、ちゃんと止めることに比べれば、はるかに単純です。AIは寿命がとても長く、あらゆる業界で大きな成果をあげるでしょう。

三つめの変化は何かというと、クラウド技術の進化から目を離すな、ということです。だいたい、クラウド［クラウドコンピューティングのクラウド］の発達の足並みは、クラウドソーシング経済の10倍の速さです。今日のさまざまなビジネスモデルを考えてみましょう。ウーバーがスマホなしでは成立しないのと一緒で、ギグエコノミーはクラウドのインフラなしでは不可能なのです。

トップコーダーだってそうです。われわれは何千もの開発環境を提供していますが、昔の物理的インフラでそれを管理するのは無理です。アジュールやAWSなどのクラウドコンピューティングサービスがあるからこそ、数回のクリックで数秒のうちに管理作業が行えるのです。

そして、クラウドが何かしらの発展を遂げる――サーバーフリーな［業務サーバーを経由しない］データサービス機能ができる――たびに、何が起きると思いますか？　私たちの仕事が10倍楽になるのです。クラウドのいかなる進化も波及効果がとても大きいのです。ですから、テクノロジーが発達するにつれ、社会がどんどんギグエコノミー型のビジネスモデル、つまり、バーチャル労働モデルに傾いていくといえます。

この新しいモデルは一時的な流行りではありません。5年後には、大企業のオフィス内でメインフレーム［大企業や官公庁などの基幹業務に用いられる大型コンピューター］に向かうプログラマーの姿が見られる、なんてことはありません。もうその方向には戻らない、というか、どんどんかけ離れていく一方です。つまり、ギグエコノミーがどんどん発達するということです。

ギグエコノミーに後れをとりたくない、この大きな動向に取り残されたくないという人は、今言った三つのトレンドを理解する必要があります。そして進化するのです。

スティーブ・レイダー「思いもよらない多様性」

ポール—テクノロジーの進化で、僕が非常に興味をそそられるのが人工知能です。

スティーブ—それは間違いないです。今やＡＩが、音楽の選択から都市の交通制御まで、至るところに導入されていますからね。あなたのスマホには、ＡＩ搭載アプリが10個以上入っていると思いますよ。

ポール—人が自らを進化させずに、有用であり続けることはできると思いますか？

スティーブ—端的な答えは「ノー」です。周りで起きているのが大規模なテクノロジーの変化にせよ、小さな組織の変化にせよ、原則は同じ。進化するか終わるかです。まあそれはちょっと大げさかもしれませんが、同じ考え方、同じやり方を続けていたらダメということです。

それで思い出されるのが、われわれの開いたあるコンテストです。大手ポテトチップスのメーカーが、クラウドソーシングのコンテストを利用し、ある永遠の課題を解決しようとしたのです。お題は「どうすれば、製造時にポテトを割らずに油をきれるか」でした。それまでの最善策は、フライヤーから出てきたチップスが載ったトレーを振動させる方法でした。この方法なら表面の油っぽさがいくらか薄れ、味もよくなると考えられていましたが、割れてしまうチップスの割合が大きかったのです。

この製造部門に配属されていたスタッフの多くは、機械振動を学んだ機械技師です。彼らの仕事は本来、機械が振動して困っている人を助けることです。チップスに振動を与えればいいという解決策の発想はそこから来ていたわけです。

しかし、そのやり方では多くの割れと不良在庫が発生していました。それは、結果的にお金を捨てているのと同じことです。さて、どうしたことか。既に専門家に相談し、技術的には解決された事柄を解決するにはどうすればいいのか。

別のアプローチで問題に対処するのです。まず、そのメーカーは課題ステートメントを変えました。「どうやってポテトチップスの油をきるか」を「どうやって割れやすいウエハーから粘度の高い液体を除去するか」に変えたのです。こうすることで、食品製造技術者以外の人にも門戸を開いたわけです。「どうやってポテトチップスの油をきるか」では、既にそうした課題に取り組んできた人にしか関心をもってもらえない可能性が高いですが、「どうやって割れやすいウエハーから粘度の高い液体を除去するか」とした瞬間、幅広いエキスパートに対象が広がる。「ウエハー」とはシリコンウエハー［半導体素子の製造素材である薄板］のことか？　それともバイオテクノロジー関連か？　と、より広範囲な物理学的質問になる。そうやって、より幅の広い網を仕掛けるのです。イノベーションは考えの多様性から生まれます。

最終的に選ばれたのは、音を使ってチップスの周りの空気を油の固有振動数で振動させるというソリューションでした。そうすると、チップスから油だけが振り落とされ、チップスは割れません。振動のエキスパートでないあなたでも、なるほど、確かにそのとおりだ、と思いませんか？

でも注目すべき点はここです。結局、ソリューションは振動に関連するものだったのだから、本来なら振動のエキスパートが思いついてもよさそうなものです。でもどういうわけか、彼らは気づかなかった。

その代わりにソリューションを考えついたのは、噂によるとバイオリニストで、ある音を奏でたときに、弓に塗った松ヤニが飛び散るのを見たことがあったといいます。固有振動数のことを知っていたことと、その視覚体験が重なって、コンテストの応募に至ったそうです。

　おもしろいですよね。思いもよらない多様性という点もそうですが、もう一つ興味深いのは、自分の専門領域内でも「自分が何をわかっていないか、わかっていない」という殻に閉じこもる可能性があることです。可能なことと、自分が知っていることが隔離しているのです。メーカーの技師たちは、機械工学という同じ分野にいるのだから、こんなにわかりやすいソリューションに気づいてしかるべきです。でも、なぜ気づけなかったのか。

　もともとの生産設計で、物理的振動を与えるという手法を選んだのに、なぜ音による振動を考えられなかったのか。彼らは、何年もやっていながら思いつかなかった。一つの領域で長く働いていると、逆に見えないアイデアがあるんじゃないかと私は思うんです。他の分野で起きているすばらしいイノベーションを見る機会があまりないのでしょうが、実はそこに、自分たちの課題解決に必要なヒントがあるかもしれない。だからそういう人たちこそ、クラウドソーシングで大きなメリットを得られると思うんです。クラウドソーシングで、自分たちが見逃していた、あるいは思いつかないようなアイデアを見つけたり、他分野のスキルや専門知識、テクノロジーを発見したりできる。それらは、イノベーティブなソリューションを開発し、競争力を維持するために、自分の研究室に持ち帰るべき大事な材料となります。

この新しい経済ではそういう活動が必要で、それにはイノベーティブな思考が必要です。ポールのいうように、自分のデフォルトをリセットし、ニューノーマルをつくらなければならないのです。テクノロジーの成長は、加速化の一途をたどっています。進化しているのです。だから自らも進化する必要があります。

ポール―あなたにとって、進化とは具体的にどういうことでしょう?

スティーブ―要は、一か所、あるいは一つの思考様式にとどまるな、ということです。「今までこれでうまくいっていたんだから、ずっとこのままで大丈夫だろう」という考えではダメなんです。斬新な試みやイノベーティブなことを恐れてはいけません。常に、探すべき、もっといいやり方があると信じるのです。

ダイアン・フィンクハウゼン「頭脳と機械を結び付けた成果」

ポール―T.I.D.E.の「進化」が、個人の進化のみを指すと誤解されがちですが、あなたは重工業の進化も目の当たりにしていますよね?

ダイアン―こういうと誇張に聞こえるでしょうが、ギグエコノミーによって可能になった新しいビジネスモデルのおかげで、われわれは現状に異議を唱えることができるようになりました。外の世界との境界の一部を取り払うことで、何が可能かについての、自分たちの今までの認識を疑い、何をどのように達成できるかという展望が広がったのです。

わがチームの、クラウドソーシング事業が軌道に乗り始めたのは2014年です。以前から、ほぼ同じ指針でやってきており、最高の人材とソリューションをわれわれのミッションと結び付ける、効果的でコンプライアンスに適合し、スケーラブルなシステムを築くための戦略を築いていました。しかし、T.I.D.E.メソッドのような設計図がなく、そのメリットを得られていませんでした。そこにポールのメソッドを取り入れたことによって、すばらしい「ギグ・スタイル攻略法」が完結したのです。これで、組織がギグエコノミーの人材を起用し、そのシステムをスケールするのを手助けできます。

2014年に、われわれはギグエコノミー、フリーランサー、オープンイノベーションを活用し、多種多様な体験を積み重ねました。われわれがサービスを提供するあらゆる業界で、たくさんの実験やプロジェクトを行ったのです。実験目的で、あえてすべての部署、すべての顧客業界のプロジェクトを選びました。ギグエコノミーのツールがどこで、どの程度まで使え、どの程度の効果を生むのかを知るためです。また、多種多様なプログラムを運用してみることで、作業・人材設計のすばらしいプロセスが開発できました。どのようなプログラムでも、結果を最適化できるよう、周到なスコープの定義、要件の明文化、能力や技能の分類、エキスパートの採用・起用、ワークフロー設計、知識・資産の転移を行いました。

大小さまざまな事業活動を整えていき、非常に効果的に、制限のある従来の人材プールを越え、ほぼ無限の人材とソリューションのプールにアクセスできるようになりました。そうすることで、人材調達や部品調達の対象範囲が広がり、業務の俊敏性とパフォーマンスが向上したのです。

戦略的な仕事を増強したチームもあれば、戦術的な仕事を増強したチームもありました。またプロジェクトは、単発的なものも、シリーズとしてまとまったものもありました。しかし、設計図のアプローチ（T.I.D.E.メソッド）によって、いかなる部署にもフリーランスのエキスパートや方策、すなわち枠組みやツールを送り込み、世界中のチームが安心してこのアプローチを活用できるようになりました。

2014年は、プログラムの内容を多様化させ、この手法の適用をグループ全体に拡大した年でもあります。ポールのT.I.D.E.メソッドを教わってからは、それがわれわれの教科書になっています。ポールは、みんなが難しいことを簡単に実行できる戦略を立ててくれた点で、すばらしい仕事をしました。

紹介する事例は、われわれの多様な事例の中でも極めて重工業らしいものです。世界中のわが社の工場をよりうまく回せるようにするという課題でした。われわれは常に、新しい能力や、テクノロジー、ビジネスモデルを最大限に活用して、生産能力の向上を図る機会を得ています。そしてＩｏＴ［モノのインターネット］や積層造形の技術の到来で、われわれは、そうした技術を最大限に活用すべく、製造業務を見直したのです。頭脳と機械を結び付けて、生産能力の向上を図ったのです。ヘンリー・フォードは１００年も前に、自動車製造のすばらしい方法を考えましたが、われわれも、けっこう多くの新しいことを学んだのです。

工場計画は、ご想像のとおり、非常に大規模で複雑です。世の中には、製造業務の生産性向上を図るために利用できる多くの技術が存在します。ですから、さまざまなワークフローや、テクノロジーや機能の成果を数値化できると大きな違いが出ます。それによって、優れた工場操業の展開に成功するか、莫大な費用の割には最適とはいえない結果になるかが左右されます。

これは、わが社のヨーロッパのあるチームが、世界各地の多くの製造拠点の操業を最適化する計画を定めた事例です。このチームは、限られたキャパシティで、野心的な計画を考えていたので、その仕事を達成するには専門性の高い人材のサポートが必要でした。

そこで役に立ったのがタスク化です。タスク化によって、チームは遂行すべきすべての仕事を効果的に細分化することができ、それぞれのタスクや成果物に合ったエキスパートを起用する自由度が増しました。チームは、このアプローチなら成果をあげることができると確信しました。これなら、たとえ限られた資源でも、状況が異なる多くの工場を最適化するという、非常に複雑な課題に立ち向かえると思ったのです。仕事をタスク化することによって、専門性の高い人材を起用できればと考えました。彼らが求めていたのは、利用可能な技術の選択肢を分析し、定量化するためのシミュレーションプロセスの実行を助け、製造業務を最適化し、信頼できるアドバイスをしてくれる専門家です。チームはそのエキスパートの推奨に基づいて経営幹部を説得し、投資を優先してもらおうと考えていました。世界中の製造業務を最適化するプロジェクトですから、非常に大きな投資です。

タスク化によって、チームは非常に戦略的で大規模な目標を、部分部分のタスクに分解し、そのうちのどれを部署内の人材で行い、どれをギグエコノミーの人材市場で採用したエキスパートに任せるかを決める自由を得ました。こうして、専門性の高いエキスパートとソリューションを調達する自由が増し、タスク化によってより細かな細分化をすると、パフォーマンスを劇的に向上させる結果につながるのです。

彼らは、さらに細分化を進め、利用可能な人材を最大限に活用するために、エキスパート人材（ギグ人材）に任せなければならないタスクはどれか、そして、最良の結果を生む技術や機能は何かを特定・認識しました。この仕事のスコープには、製造シミュレーションのモデルとシミュレーションシナリオの開発、そして影響評価が含まれています。そこでわれわれはそのタスクに適合し、チームと非常にうまく連携してくれるエキスパートを採用しました。

チームはまず、中国とドイツの二つの工場でモデリングを行いました。われわれは、それぞれの現場が持つさまざまな技術と製造方法の選択肢に対し、モデリング＆シミュレーション［物や現象、概念の特徴を捉えて、コンピューター上で再現し、意思決定に利用すること］を実施してほしいと、エキスパート人材に依頼しました。

そのエキスパートは、中国工場には、新しい製造ラインを評価するための3Dシミュレーションソフトを活用しました。新しい技術や機能を使って製造パフォーマンスを最適化するには、どのようなライン設計と工程の組み合わせがよいか、というのが評価の焦点です。

つまり、シミュレーションと最適化のプロセスの主軸は、従来の設計手法では開発が困難で時間がかかりすぎる、潜在的な製造工程の設定を特定・認識することでした。われわれが採用したエキスパートの専門的能力、そして新しいシミュレーションモデリングの実験・評価によって、チームは、検討する製造方法の分析を加速・拡大させ、推奨されるプラント構成の潜在的メリットを数値化することができました。

ドイツ工場には、エキスパートがチームと協働し、シミュレーションソフトを使って複数の製造ラインと、それに沿った材料管理の統合モデルをつくりました。そして、さまざまなシミュレーションシナリオに使うプロセスを選び、最高のパフォーマンスを生み出すのに最適なプラント構成を決めました。

単純ではないプロセスです。シミュレーション技術というのは非常に非直感的で、スキルの習得に時間がかかります。熟練した技術者でないと、せっかくのシミュレーションのメリットが水の泡となるのです。ギグ人材である、このエキスパートは、深い専門知識を駆使して、計画の選択肢の正当性を立証する新しい方法を可能にしてくれました。

タスク化による周到な作業設計と、ギグエコノミーを活用した周到な人材設計によって、このチームは、従来的な仕事の仕方や人材調達法で行うよりもはるかに大きな成果を達成できました。双方の工場で、エキスパートが提案した追加機能に基づいた複数のシミュレーションが実施されました。そのエキスパートが、最適なプラント構成、フロー、自動化のための複数の選択肢を試させてくれた結果、二つの工場に最大の経済利益がもたらされたのです。またこのおかげで、二つの工場は、将来の技術投資も受けやすくなりました。

　これは、ギグ人材を活用した高度な課題の成功事例です。実は、この案件で大きな成功をおさめたので、わがチームはその後、複数の同様の現場最適化プロジェクトにこのエキスパートを起用しました。われわれは通常、年に数回、さまざまな製造現場で、こうした、非常に高度なモデリングを試みているのです。このチームは、製造業務最適化の取り組みに関する、安定的な供給経路を持ち、製造に関する、戦略的で高度な目標を達成し続けています。

　これこそが、われわれがエキスパート調達システムの手法に託した希望です。現実には、ギグ人材の起用に至るには、われわれ自身の意識と行動を進化させる必要がありました。われわれがギグ人材に頼るのは、多くの場合、最新のスキルや技術、ソフトウェアを取り入れたいときです。それと引き換えに、わが社の各チームは、エキスパートに機会と統制の枠組みと、運用の自由を与えなければなりません。これは、双方が最良のメリットを得るためです。

　ポールのいうように、意識を変えるには進化する必要があります。時流についていくためです。われわれは困難な課題を解決するために、新しく多様な考えと経験を持ち込むのですが、多くの現場のスタッフやマネジャー、そして会社は、意識の大変革を迫られます。

タッカー・マックス「進化できない人が恐れていること」

ポール――あなたがギグ・スタイルを積極的に行ってきた中で一番根深いと思う、個人の進化にまつわる誤解は何ですか？

タッカー――進化が誤解されているという事実そのものです。進化というのは、他人に起こること、他の業界に起こることであり、自分は関係ないという考えですね。タイタニック号で「このセクションはまだ沈まない」といった乗客のような人は、不都合な真実に突然驚かされることになるでしょう。

そういうことは出版業界でしょっちゅう見ていますよ。だから、わがスクライブは常に動き、変化し、成長するようにしているんです。うちには、時流の一歩先を行くための施策を専任で行う賢い人たちがたくさんいるのです。

進化はあくまで自然で、普通のことです。100年続く業界が、みな普通にやってきたことです。例えば、アマゾンは書籍の販売で創業しましたが、市場での可能性を見いだし、進化しました。私たちはみなタクシーやハイヤーというものには慣れていましたが、ウーバーが登場し、見知らぬ他人の車に乗るように誘った。

スクライブのビジネスモデルは、ギグエコノミーでこそ成り立つものです。非常にたくさんの才能あるエキスパートが起用を待ち望んでいる。われわれは、その動きに合わせて会社を設立したのです。

ポール――進化できない人は、何が原因だと思いますか？　彼らは何を恐れて、新しいことを試さないのでしょう？

タッカー――まだそう思っている人がどのくらいいるのかわかりませんが、フリーランスの人材はレベルが低いとか、フルタイムの仕事に就けないからフリーランスをしているという考えは、ばかげています。うちの社員は、5割以上がフリーランス・ネットワークから登用した人材です。それどころか、総体的には、フリーランス・ネットワークの人材のほうが、外部から応募してくる人たちよりはるかにレベルが高いといえます。

うちの求人には、何千人もの人たちが応募してきます。わが社が『アントレプレナー』誌のアメリカで最も優れた企業文化の第1位に選ばれたのには、それなりの理由があるのです。だから、すべてのポジションに何千もの求人応募がくるのですが、それでも結局は、採用者の半数以上をフリーランス・ネットワークから選ぶことになっています。ですから、フリーランスの人材は低レベルというのは全くの風評です。

もう一つ思いつくのは……これは人が意識的に流す風評ではなく、無意識に抱いている神話です。多くの人が、フリーランサーは説明しなくても仕事の勝手をわかっていると思っているのです。でもそれは間違いです。これは期待事項の設定と大きく関係していますね。

フリーランサーは仕事の品質が悪いという風評は、発注者がフリーランサーを起用して、結果に満足しない場合に、本当は自分の説明も悪かったのにフリーランサーのせいにするのが原因です。

でも、例えば、世界一の表紙デザイナーを雇ったとしても、自分のビジョンを伝えなければ、すばらしい表紙はできません。依頼をする側も、自分の役割――すなわち、何を、いつまでに、どのようにしてほしいのかという要望を伝えること――に尽力する必要があります。でも、みんなそれをしない。そのことをわかっていないんです。

もう一つの風評は、フリーランサーは金にがめつい、というものです。もちろん、そういうフリーランサーもいるにはいるでしょう。しかし、われわれが見てきた限り、全くそんなことはありません。彼らはごくノーマルな人たちです。欲しいものや望み、夢や目標を、普通に持っているだけです。実をいうと、わが社にレベルの高いフリーランサーが集まり、どこよりも低い報酬で働いてくれる、あるいは一緒に仕事をしてくれるのは、うちのミッションや企業文化を気に入ってくれてのことなのです。われわれの人材の扱いやコンセプトを価値と見なして、うちに来てくれるのです。わが社のシステムに、彼らが真の価値を感じているからこそ、よそでもらえたかもしれない報酬よりも低い額で納得してくれるのです。

もっと高い報酬を払うところでは、ひどい仕事をさせられ、最悪だといいます。でも、われわれは、報酬が安いがそのぶん優しくしてやる、というわけでもありません。それ以上の価値を提供しています。彼らを大事に扱い、サービスを提供し、自分が逆の立場だったら望むようなことをしています。上司に一日中怒られているような職場なら、お金をもらっても嫌になりますよね。フリーランサーはわれわれの事業のけん引役ですから、大事にしているのです。

もう一つの評判は、フリーランサーはお金や時間に細かい人が多いというものです。でもこれは、少し当たっているので風評とは違います。「どうしよう、次の仕事を受注しなくては食べていけない」というアピールをしてくることはあるかもしれません。でも、仕事をする際に一個人として扱えば、そういう態度は軽減するんです。わが社のように、フリーランサーを一個人として大事に扱ってあげれば、抑えられるし、彼らをそういうモードから脱出させることもできます。われわれはよく、うちの仕事をするフリーランサーや社員として雇用した人に、そういう意識を捨てさせるべく癒してあげるようにしています。

たとえトップクラスのフリーランサーでも、そういうことはあると認識しておくべきです。生計を立てるのに苦労していたり、仕事を得るのに苦労していると――あるいは、そうでなくても――ガツガツしてしまうことがあるのです。しかし、だからといって、あなたに迷惑をかけるとか、悪い人間だということはありません。こちらも、その人が自分以外のクライアントを抱えていることを理解する必要があります。その人には、あなたの仕事以外の生活というものがあるし、あなたの仕事以外の世界もある。それを理解し、受け入れ、調整しなければなりません。

ですから、ギグエコノミーに関する風評に惑わされてはいけません。僕はサイモン・シネック［2009年のTEDトーク「WHYの力」で有名な講演家、著者、コンサルタント］の「大きく夢見て、小さく始める。一番肝心なのは始めること」というアドバイスが大好きです。風評に惑わされないためには、自分で試してみるのが一番です。

ジョン・ウィンザー「効率のよい抜け道」

ジョン―私は空港に行くときはいつもウーバーなんです。これは3回前に乗ったウーバーの話です。ボルダーから空港のターミナルまで乗車したのですが、ドライバーが、私が降りる1マイル［1・6キロ］くらい前の地点で乗車を終了にしたんです。私が「あれ、どうして今切るんですか？」と聞くと、こう話してくれました。

「ここで乗車を終了しておけば、次の乗客からの依頼が入り、あなたを降ろしてすぐその人を乗せられるけど、あなたが実際に降りたタイミングで終了にすると、次の人を乗せる前にいったん駐車場に出て、2時間ぐらい順番を待たなくちゃいけないんですよ」。私は、ちゃんと関心をもって効率的な方法を工夫する人もいるんだな、起業家っぽい考え方だなと感心したんです。

それを試すために、私はその後の2回の乗車でドライバーにその話をしてみると、二人とも、そんなにうまくいくものかと半信半疑でした。それでも私のいったように乗車終了を試してみました。すると、2～3秒後に依頼が入り、次の乗客を確保できたのです。起業家というのは、そういう創意工夫がとても得意な人なんだと思います。システムをハックする、つまり、制度や体制の効率のよい抜け道を考え出せる人です。そして、そういう人こそ、私が自分のチームや会社に入れたいと常々思っている人です。

どうしたらみんなのためにもっとよくできるか、どうしたらもっと効率的に仕事を完了し顧客のニーズに応えられるか、という問いを立て、正直な答えを出すことが進化するための道だと思います。

それで思い出したのですが、ずいぶん前のSIA［Staffing Industry Analysts：あらゆる種類の一時的労働力を提供・管理する事業に関して調査分析をする組織］のカンファレンスで、こんな話を聞いたんです。その人は生産高をアップさせる話をしていました。彼がいうには、1日100行のコードを書く社内プログラマーの仕事を取り上げて、1日100行のコードを書く社外のプログラマーに外注したのでは意味がない。外注が真にメリットを発揮するのは、社内プログラマーが書いた100行のコードを基に、AIを使って1日1000万行のコードを書く方法を考え出せる超人的なフリーランスのエキスパートを起用するような場合だ、といっていました。

それこそが究極の活用法ですよね。まさに進化です。外注が目的なのではなく、生産性の限界を探求するのが目的なのです。ポールが提唱しているのはそういう発想ですよね。

日常の積み重ね

毎日15分を費やして新しいことを学んだら、どんなことができるだろう。年間の合計を通常勤務の労働時間に直すと、新しいスキルの習得に丸11日の就業日を費やしたことになる。いかなるライフスタイルの変更も同じ考えで実行できる。毎朝15分ずつジョギングすれば、すぐに5マイルや10マイル［8キロや16キロ］を走れるようになる。もう少しトレーニング時間を増やせば、マラソンに出場できるようになるだろう。僕の変化はとてもゆっくりやってきた。こつこつ努力を重ね、進化し、学びへの探求心を持ち続けた結果やってきた。

もし1999年の僕が今の僕の話をされても、きっと信じないだろう。あの頃はまだ、古い意識で凝り固まっていた。デルに就職してから、一生懸命働いて昇進するのが正しい道だと思っていた。キャリアを立て直そうなどという頭はない。会議に山ほど出席したが、自分に物事を変える力があるとは思わなかった。あの頃は、変わりたいとも思わなかった。そもそもそんな必要性を感じていなかった。でも、進化を志してからは、不安や悩みもあったし、自分の直感にあらがうこともあった。自分の悪い癖が出るのを自覚し、コントロールを取り戻そうと努めた。でもその結果、今の僕とかつての僕は、劇的に違う。

正直、僕は変化を強いられた。変化するしかないという状況に追い込まれるまで、変化という選択肢に気づかなかった。会議に明け暮れ、まともな家族生活ができなくなって初めて、変わらなくてはと思った。娘たちが外で遊ぶ姿を見ながらスライドショーの作成に取り組んでいたとき、今の自分のスキルでは今後も有用であり続けることはできないと感じたとき、このままではいけないと思った。

歴史上の偉大な職場革命に思いを馳せているうちに、T.I.D.E.メソッドを思いついた。ヘンリー・フォードは自動車の製造方法を変え、イーロン・マスクは自動車に対する意識を変えた。周囲を見回し、自分たちが何十年も同じ働き方をしていることに気づいて、もっといいやり方があると思った。変わりゆく経済を活用して、自分が失ったものを取り戻せないかと思いついた。身の回りで起きている、さまざまなディスラプションについていくには、学び直しと進化が必要だった。

本書をここまで読んだあなたは、きっと意欲に燃えているだろう。そうであることを願う。SHOULDリストに挙がっていたパッションプロジェクトが、実行可能なタスクに分解され、始動しているはずだ。これらはあなたの旅路のほんの第1歩にすぎないが、これからは、向上する一方だ。

進化は一筋縄ではいかず、難しい。辛抱と時間と意志の強さが必要になる。以前の慣れたやり方に戻りたい衝動と戦わなければならない。でも、ギグ・スタイルがどんなことを可能にするかを自分の目で見れば、かつてのような仕事の仕方に戻りたいとは思わないだろう。

やってみよう

僕の場合は、ギグ・スタイルへの旅路で、この部分が一番わくわくした。最初は家族との時間を取り戻すための試みだったものが、生き方と仕事の仕方を劇的に変えることになった。僕は、フリーランサーとのやり取りやプロジェクトから、毎回、自分についての発見があり、それが自分の安全地帯から（いい意味で）飛び出すことにつながった。世界中の人からの多様な考え方に触れ、「好奇心を持って仕事をする」という新しいスタイルを獲得してから、変化というものに抵抗がなくなった。以下は、あなたがギグ・スタイルで数件のプロジェクトをやってから省察してほしいポイントだ。

1 T.I.D.E.メソッドを実践してみて、とても難しいと感じたことを三〜五つ挙げてみよう。難しいことはそれ以上にあったはずだが、今はとりあえず三〜五つに絞る。各事柄の横に、そこから学んだ教訓や、今後改善したいことを書き出す。

2 他に、生活や仕事のどんな領域でフリーランスのエキスパートを起用し、家庭や仕事やサイドプロジェクト、パッションプロジェクトでの取り組みをスケールできるだろう？

3 自分の進化の助けになりそうな新しい習慣を挙げてみよう。ギグ・スタイルを取り入れるためにできる小さな行動は？　ギグ・スタイルへの旅路を歩みながら、変更や調整を加えていくことは不可欠だ。今までいつも、目的地だけに集中してきたので、慣れない作業かもしれない。

4 フリーランサーのネットワークを広げ、成功を祝おう。僕が仕事で最もやり甲斐を感じることの一つは、人がすばらしいエピソードを共有してくれる時だ。何が可能かについての自分の考えを変えてくれたフリーランサーの話だ。フリーランサーとの仕事の体験を、友だちや同僚などに積極的に伝えよう（僕にもリンクトインでメッセージを送ってほしい）。サポートし合える仲間をつくり、ベストプラクティスを共有することは、自分の意識を進化させるうえで、重要なステップだ。

9

巨象を踊らせる

「乱気流の時代における最大の危険は、乱気流そのものではなく、昨日の論理で行動することだ」

――ピーター・ドラッカー

トレンドセッターとして活動するのは容易ではない。どんなに自信があったとしても、新しいあなたのあら探しをし、ケチをつけてくる人が知り合いの中に必ずいる。ダイエットをしていても、いろいろな人がいろいろなアドバイスやコツ、疑問や懸念を投げかけてくる。ある運動メニューを始めようとすれば、自分の体験を語ってあなたの成功を邪魔しようとする。

ギグ・スタイルの実践に関しても同様のことが起きる。例えば会議に出ないことに対し、「規律を乱している」、「ちゃんと仕事をしていない」、「決まったやり方に反抗している」、などと言われたりする。慣習に反する行動に違和感があるのだ。リモートワークも、プロジェクトの内容をすべて最初に文章で伝えるのも、信頼できるネットワークを築くのも、不慣れなことを受け入れるのも、すべて新しい習慣だ。傍からすれば、そうまでして……と疑問に思うだろう。あなたも本書を読み始めたときは、働き方改革を迫ってくる、このポールってやつは何なんだ？　と思ったに違いない。

「巨象を踊らせる」という表現は、ギグ・スタイルの導入を広めるという意味で使った。どうやって周囲の人々に新しい自分に協力してもらい、どうやってこのモデルの妥当性をわかってもらい、どうやってギグ愛を広め賛同者を増やすか。

最初の手段は、今、あなたが手にしているこの本だ。仲間に本書を読んでもらおう。僕があなたの説得に成功したなら、本書のここまでの内容が企画どおりの成果をもたらしたということ。だから同僚の説得も僕に任せてほしい。

ギグ・スタイルを取り入れた人が繰り返し直面する最大のハードルは、新しいギグエコノミーやギグワーカーにまつわる巷の誤解や風評だ。多くの人が、フリーランサーと仕事をしたり、仕事を外部委託したり、有用性を維持するために学び直しをしたりした際の失敗談を持っている。みんな、努力や時間の経過で状況が改善するとか、委託や学び直しによって人生が大きく変わるという発想を持っていない。真実と嘘を取り混ぜた噂話をしょっちゅう耳にしたり、善意の友だちから間違った情報を聞かされたりしているからだ。

これは、成功を阻む大きな障害だ。

世の中には、虚偽の風評が蔓延している。僕自身もしょっちゅう見聞きする。フリーランサーは仕事の質が低い、納期を守らない、毎日ひげも剃らないなど、すべて間違っている（最後は本当かもしれないが）。こうした噂はすべて、自分が変化を持て余してしまうことを恐れての自分への言い訳なのだ。矛盾しているように思われるかもしれないが、その不安を克服するには、自分自身が変化、進化、デフォルトのリセットをし、自分の現状を認識するしかない。

ギグ・スタイルの導入は、新しい靴をおろしたときと似ている。最初は合わないかもしれないが、履いているうちにフィットするようになる。

ギグ・スタイルをうまく取り入れるには、それによって得られるメリットをよく理解する必要がある。ありがたいことに、エキスパートのアドバイザーたちが、あなたの成功を応援するために、最後にもう1章つき合ってくれる。

本書は、ギグ・スタイルが有効であるという僕の信念だけを書いたものではない。僕自身が実践し、他の人たちが実践して変化を遂げるのを見聞きしたうえで、有効だと伝えたいのだ。論より証拠である。トップコーダーやNASA、GEの導入事例も読んでもらったとおりだ。そして、これらは氷山の一角で、何百もの企業、何百万人ものフリーランサーが、日々、ギグ・スタイルで仕事をしている。この形態は多くの分野で有効だ。必要なのは、あなたとあなたの努力だけである。

マイク・モリス「やり方を変える抵抗」

ポール—なぜ、こんなにも多くの人が、フリーランサーの起用にまつわる風評に惑わされているのでしょう？

マイク—やり方を変えることへの抵抗ですね。私見ですが、たいていは、変わること、変えることへの抵抗感や不安からくるものだと思います。変化がもたらすリスクを恐れているのでしょう。

私がよく耳にするのは、自社に外部の人を入れることに関する不安です。知らない人に知的財産を盗まれたりしないか心配なのです。

みなさんはすぐに知的財産の話をしますが、私はいくらでも反論できます。これに関しては、知的財産の専門弁護士にも負けませんよ。社員のIDカードを持った人を会社のビルに入れるほうが、われわれのプラットフォームのプロセスより安全だという気とはね。われわれのシステムでは、ネットワーク上のノード〔ネットワークを構成する中継点〕間でやり取りされるデータは、すべて追跡可能なのです。そのデータに誰が手を加えたか、誰が手を加えることを許されているか、誰がダウンロードできるかなど、すべて把握できるんです。

ですから、社外秘のデータを、ノートパソコンやZipディスクやUSBメモリで社外に持ち出すようなことは、うちの開発環境ではあり得ません。できないし、許されません。それに、その人がネットワーク上で何をしていたか、本人には知られずにこちらで把握しています。でも、私が2週間前にある大手企業のビルに入ったとき、私が何をしたか彼らにはわかりません。社員や訪問者用IDカードで情報漏洩は防げないのです。でもソフトウェアは防いでくれます。現代のセキュリティコントロールならそれが可能です。

要は、人々の不安はすごく古い世界観に基づいたものだということです。セキュリティについても、最新の知識を持っていません。今は、何でもセキュリティ機能で保護することができます。

例えば、われわれがコードをフリーランサーに渡す際は、そこに機密情報が含まれていないか確認するんです。手動でもチェックしますが、ソフトウェアによるチェックも行います。非常に高度なソフトでスキャンをかけます。その後さらにすべてのコードに対して、別の高度な検査を行い、バグフィックスまで行います。

従来の物理的な雇用環境では、すべての次元の取引ややり取りに、そこまでの配慮はしませんよね。プラットフォームを介する場合は、すべてがデジタル化される。ビニール盤のレコードがデジタル化されるわけです。すると、知的財産権やセキュリティ、品質などを、非常に細かいレベルで追求できる。従来の物理的環境でそこまでするのは到底無理です。

従来的雇用の安全神話に私が反論しようとしたら、1日中やってもやり足りません。われわれのシステムは、どこのどんな場面よりも、セキュリティ上の安全性が高いことを証明できます。逆に現在、従来的雇用で行われていることは穴だらけで、すべて安全性が疑われます。ともかく、フリーランスの起用に不安感を抱く人は変化に抵抗しているだけ、というのが私の結論です。

この、変化に対する恐れというのは厄介ですから、気をつけなければなりません。私は、人の心の中の死神に例えられると思っています。ギグエコノミーのことを考えると、この死神がこんな疑問を投げかける。「お前の仕事はどうなる？　毎日お前の下で働き、お前の地位を尊重してくれる部下の仕事はどうなる？　将来はどうなる？」こういう不安は、現実的なものに感じられるんです。

ポールがよく使う例えは、コンフォートフード［必ずしも健康的ではないが、子どもの頃から食べ慣れていて心が和む食べもの］でしたね。いつもコンフォートフードを食べている人、すなわち、古い従来的な発想に囚われている人は、自分の有用性を維持しているつもりでも、実際はできていないと私は思うんです。そういう人は豊かな人材ネットワークを活用してみる積極性がない。自分が不可欠な存在になるためには、多くのエキスパートたちにアクセスする必要があるのに、その世界に身を乗り出す気がない。

興味深いですよね。一日中会議に出て、不満だらけで、好きではないタスクに取り組み、コントロールを手放すこともしない状況は、まるでコンフォートフードを食べているのと同じだと思うのです。コンフォートフードばかりの食生活は長期的には体によくありません。でも、豊かな人材ネットワークの世界に身を乗り出せば……ワオ！　となるでしょう。

あなたとあなたのチームが10倍の仕事をさばけて、しかも会社にかかるコストは同じだったらどうですか？　誰にでも手が回らない仕事はあります。このあいだ、こんなことを言うデザイナーに会いました。「そりゃあ、仕事はたくさんたまってますよ。だけど、ギグエコノミーを使うのは無理です」。いったい何を言ってるんでしょう。海で溺れてるのに救命ボートの救助を拒否するとは！

注目すべきは、守ろうとする人ではなく、破壊《ディスラプション》しようとする人です。うちのプラットフォームで大きな成功を収めている顧客企業でも、保身ではなく破壊をしようとしている人が真のリーダーになっています。そういう人は、成果をあげるためには、物事をぶち壊して変えようとする。変化を推進する組織でやり手といわれるのは、たいていそういう人なんです。

そういう人と組んで一緒にディスラプションを進めれば、あなたの仕事も波に乗るでしょう。私はよくこういうアドバイスをしていました。「君の成功の物差しは、顧客がどれだけ出世したかだ」。どれだけディスラプションを促せたかで、自分が優れたソートリーダーかどうかが決まります。また、有用であり続けることも大事です。自分は変わらず、周りの世界が変わっていたら、遅すぎるといえますね。

最後は、サポートについてです。なぜ、自分の意識やライフスタイルを変えようとしてもうまく行かない人が多いのか。それは、熱意の問題ももちろんありますが、おおかたは、気持ちが萎えたり、他のことが立て込んで気を取られたりするのが原因です。

ポール―ビジー・トラップですね。

マイク―そのとおりです。だからサポートが必要なのです。自分の思考形態や目標を周囲の人、信頼できる人と共有する必要があります。自分自身を疑ったり、気移りしたり、消耗したりしたときに支えてくれる仲間を持つのです。そうしたサポートがあるからこそモチベーションを維持し、成功への道を進み続けることができる。固い決意で、T.I.D.E.メソッドの「タスク化」「特定・認識」「委託」「進化」を毎日実践すれば、すぐにリーダーになれるでしょう。それは誰にも何にも邪魔できません。だから、やらない手はありません。

スティーブ・レイダー「風評と真実」

ポール―ギグエコノミーにまつわる風評で最もよく耳にするものは何ですか？

スティーブ―ほとんどの人が信じている最大の風評は、フリーランス市場の大部分を占めるのはスキルがなく地下室にこもっているティーンエイジャーで、彼らは全く使いものにならず、こちらの問題など理解するすべもないというものです。それから、そんなことをする時間があるなら、どうしてまともな仕事に就かないか……という人もいます。これらは全くの邪推です。

クラウド・コミュニティのフリーランサーの多くは、フルタイムの仕事を持っています。自社社員が、クラウドソーシングのプラットフォームでも仕事をしているとはつゆ知らず、という企業もあるでしょう。

おもしろい話があります。トップコーダーを買収した、ウィプロという大手多国籍企業があって、情報テクノロジー、コンサルティング、ビジネスプロセスなどのサービスを提供しています。年商が約80億ドル（約8400億円）ですから、相当の大企業です。同社は平たくいえば、ギグ・スタイルを戦略の主軸としています。

マイク・モリスからも同じ話が聞けるはずですが、ウィプロは、トップコーダーのユーザー基盤を見たとき、自社の社員数百人がそこに登録し、会社のメールアドレスを使って仕事をしていたことに気づいたんです。彼らは仕事中に、会社のコンピューターを使ってトップコーダーのコンテスト課題に取り組んでいたのです。

でもウィプロはこう言いました。「考えてみればすばらしいことです。われわれは、社員がよその仕事をしているというふうには捉えません。彼らは勉強しているのだと見なします。効率のよいやり方を学んでいるのだと」

会社員の生産性の低さを、みんな忘れているようですね。平均的な会社員は、8時間中、正味3時間分の仕事しかしていないのです。残りの5時間は、何をしているのでしょう？一部の人は、ウィプロの社員のように、内職と学びに精を出していたんですね。ウィプロの偉いところは、そういう人たちにもちゃんとボーナスや評価を与えたことです。

これは企業にとって、すごくいいモデルだと私は思っています。企業は、社員が成長の機会を得てイノベーティブになり、幸せで有用であることが大事だと考えるべきです。会社が給料を払っているのに内職をしていいのかという問題がありますが、それは、研修費が浮いたと考えてはどうでしょう。そう考えればウィンウィンですよね。

さて、風評の話に戻りますが、事実に反してクラウドソーシングの悪い点ばかりが取り沙汰されている気がします。そういう噂を流すのは、この新しい仕事の進め方を実際に試していない人とか、手っ取り早い解決策だという期待が外れた人です。私はもう、こうした風評は全く信じません。例えば、トップコーダーやトンガル［動画広告制作用のプラットフォーム］などのコミュニティに登録した人たちは、その時点で既に「ぜひやってみたいのでアカウントをつくろう」という一歩を踏み出している。それ自体、かなり大きなハードルだと、少なくとも私は思っています。

その行動を起こしただけでも、同じ領域の他者の先を行っている。すなわち、何か行動を起こそうという意欲がある人たちといえます。

クレイ・シャーキーの『Cognitive Surplus（知力の余剰）』という本はとても興味深かった。彼は社会に8時間労働制が導入されてから、いきなり人々の自由時間が増えたことを指摘しています。それ以前は、人々の生活時間の9割を労働が占めていた。朝起きて働き、帰ってきたら、食事をして寝る。それが急に労働時間が8時間に制限され、労働者は家族と一緒に過ごしたり、新たなスキルを習得したり、起業したりする時間を得た。興味深いのは、それによって発展した文化です。

例えば、あなたが友人に「先週末、NFLの試合を見に行ったんだ。それに7時間と150ドルを使った」と話せば「それは、よかったな」と言ってもらえる。でも「トップコーダーのハッカソンに参加して、5~6時間かそれ以上ぶっ続けでプログラミングしたんだ」と言ったら、みんなに、なんでそんなことをするかねという顔をされるでしょう。自分の時間に仕事をするなんて……というわけです。

でも、あなたがプログラミングに情熱を持っているのであれば、やりたいことをやっているわけです。人は、あなたが普通に時間を無駄にすれば驚きませんが、あなたがやり甲斐を感じる充実したアクティビティをすることは、問題視する文化的傾向があるのです。

何が言いたいかというと、ギグエコノミーによって自由時間を、副業やスキルの習得に使うようになったということです。練習を積んで、向上し、自分の有用性を維持しているのです。

ダイアン・フィンクハウゼン「後れをとらないギグ人材活用」

ポール―本章では、クラウドソーシングにまつわる風評について、たくさん語ってきたのですが、成功するためのツールや秘訣についてはどうでしょうか？

ダイアン―ギグエコノミーは大規模で複雑で、急速に進化しているスペースです。しっかりとアンテナを張り、情報に耳を傾ける習慣がないと、すぐに後れをとるでしょう。ギグエコノミーについて常に調査したり、仲間とベストプラクティスの情報交換をしたりして、自分の経験値を上げれば、クラウドソーシングをうまく活用できます。われわれはギグエコノミーの起用と運用を一元的に担うチームをつくることで、効率よく学習し、オペレーショナル・エクセレンス〔業務優位性〕を向上させ、スケーリングを加速させました。

多くの組織は、ギグ市場の活用について事務負担やコンプライアンスのリスクを懸念しています。スケールするためにギグ人材を使うと、事務処理の問題に直面するのではないかと思うようです。急激に増えた人材をどうやって管理すればいいのか、大勢のデータをどうやって記録・追跡すればいいのか、と不安になるのです。

私のグループは、社内の各部署がフリーランサーやエキスパートにアクセスしやすいよう、クラウドソーシングの運用を行う専門部署です。ギグ市場の請負契約や、研修、業務、支払いを管理しています。

ギグ人材を起用するための業務体制――エキスパート運用システム――を、われわれが構築・管理することによって、各部署が、われわれが採用を手伝ったエキスパートたちと一緒に、それぞれの事業ミッションに専念できるようにしているのです。

これをベストプラクティスの主題として、われわれは各部署がコントロールを手放す手法を学べる環境を整えています。業務委託契約書や発注書の雛型の設定、業者やフリーランサーへの支払い業務、エキスパートとの協働のプロセスサポート、心配や疑問が生じた際の対応、といった形で各部署をサポートしています。

われわれは、エキスパート市場と重工業業界という二つの世界を橋渡しできるので、適切なエキスパートを採用する手伝いもします。この役割は非常に重宝されています。それによって、プロジェクトを行う部署はミッションに専念できるからです。あとは、エキスパート人材へのフィードバックを提供したり、エキスパート人材が行った作業を統合するだけでよいのです。

進化し、ギグ人材の活用をスケールさせるためのベストプラクティスに関して、われわれが事務処理を手助けしている点はどの関係部署からも非常にありがたがられています。われわれはミッションとエキスパートが簡単につながれるハイパーリンクを構築したのです。

紹介したい事例がもう一つあります。あるマーケティングのチームにこんな相談をされました。「ともかく資源が限られていて、日々てんてこ舞いです。いろいろな異なる分野でヘルプが必要なんですが、だからといって、プロジェクトのたびにいろいろな方との委託契約書を作成する時間もありません」。

みなさんも、こういう状況はよくおわかりですよね。そこでわれわれは、彼らをアップワークのプラットフォームにつなぎました。われわれがプロジェクトのタイプごとに異なるアカウントを設定し、その情報を渡しました。そして彼らのマーケティングとコミュニケーションに関するサポートの大半は、うちのプラットフォーム上で行いました。

このチームは2018年に、T.I.D.E.メソッドのテスト運用を110回行いました。T.I.D.E.の四つのステップを忠実に繰り返したのです。彼らが試したプロジェクトは、動画制作からワードやスライドショーなどのテンプレート制作まで多岐にわたりました。翻訳、広告制作、コピーライティング、校正、SNS用短尺動画の作成などがたくさんありました。急ぎで高品質が求められるが、リモートで行いやすいサポート業務を1年にわたって試してみたのです。

具体的なステップとしては、マーケティングチームがまずタスクを特定・認識します。そしてプラットフォームに、案件の募集要項を投稿します。

そして応募してきたエキスパートを見て、プラットフォーム上で面接をして採用し、仕事をしてもらいます。アップワークの利用料金は月ごとにわれわれのチームが支払い、マーケティングチームに後で清算請求します。ですから、チームはヘルプが必要なタスクにエキスパートを起用することだけを考えればよく、アップワークへの月々の支払いは当社の中で処理しているのです。チームにとっては、すばらしく簡素化された迅速なプロセスとなりました。

もう一つの例は、あるグループが翌日の上層部関連のイベントのために、調査報告書の校正を一晩で行う必要性が生じたケースです。われわれが既にシステムを構築し、事前に審査された多くのエキスパートがいたおかげで、2~3時間のうちにその一人を採用し、無事に調査報告書の校正が済んで、翌日、幹部たちに完璧な報告書を渡すことができました。とても迅速にすばらしい仕事ができた例です。

今この本を手にしている読者のみなさんは、有利な点が一つあります。それは、これからギグ・スタイルを始める方は、既に敷かれた基礎を利用できることです。既にインフラが整っているので、土台から築き上げる必要がありません。

それにもまして、ポールが予習を済ませてくれている、つまり、私たちに代わって独自のメソッドを考え出し、試してくれている点が助かります。われわれが基礎を学び、補助輪をつけて練習しました。それを踏み台にすれば、あなたはより高みを目指せるのではないでしょうか。

タッカー・マックス「他者への期待と自分への期待」

ポール——さきほどは、誤解や風評について話してもらいましたが、今度はギグ・スタイルを始めようとしている人に向けてアドバイスをお願いします。あなたのベストプラクティスを教えてください。

タッカー——まず断っておきたいのは、わが社にとっての良いやり方が、そのまますべての人に当てはまるわけではないということです。われわれはフリーランサーを集団で起用していますます。大半の人はそうではないでしょう。その点が違うので、同じベストプラクティスは通用しないですよね。

そのうえで言えるとしたらこれじゃないでしょうか。世の中の大半の人は、自分自身の善し悪しは、自分がどういう意図を持っているかで判断し、他人の善し悪しは、その人の行動で判断しているんです。

例えば、うちの著者にもこういう人がたくさんいます。自分は、基本いい人間でいいことをしているつもりでも、実は、出版のワークフローをめちゃくちゃに乱しているんですよ。でも本人は、自分の善意だけを見ているから、そういうことを平気でする。

そういう人は、うちのフリーランサーにも、フルタイムのスタッフにもいます。だから、わが社の仕事をする人たちには、自分自身のことも、他人を判断するのと同じ基準で判断するよう教えているんです。

その捉え方を変えるには、自分自身のことは自らの行動で判断し、他人の行動は、最大限ひいき目に見てその意図を汲むようにすることです。その人の行動を「あの人は、どうしてこれをよかれと思ったのか？」という目で見るのです。

その行動が本当に間違っている場合もあるじゃないか、と思いますよね。何かやらかした後に「え？　まさかそうなるとは知らなかった」というような状況は、誰にでもありますからね。でも、相手の意図を見るようにすると、どこで話が行き違ってしまったのかが、すごくわかるようになるんです。

でもそうなる前に、枠組みや道筋をつくり、何より、最初から期待事項を設定するのが一番です。「私はこれをやるから、あなたはあれをやって。そして一緒に目標を達成しよう」と。人に対する自分の期待事項は設定するけれど、自分に対しては設定しない人がとても多いんです。それが落とし穴になり、いい結果が出ません。双方の期待事項や許容範囲、指標などを設定し、いい意味で互いを監視するようにしたいものです。

つまり、成長を遂げる、変化を遂げる、あるいは成果を残すためには、基準を設定し、維持する必要があるということです。それは、自宅で一人でコンピューターをいじっているだけなら簡単ですが、チームがあなたの指針を仰いでいる場合は難しい。リーダーシップをとるのは怖いものです。

「タスク化」は比較的簡単です。仕事を細分化して、自分の目標を知り、明確化すればいい。「特定・認識」では、新しい人たちを吟味し、あなたの望む働き方を教える。「委託」では、自分の作業設計に全神経を注ぎます。その後「進化」のステップであなた自身が成長します。でも、これはワークアウトのようなもので、毎朝10マイル（16キロ）走れば、確実に痩せて体が鍛えられますが、毎朝10フィート（3メートル）では、何の変化も望めないでしょう。

さあ、次は、あなたの生活をレベルアップし、自分が使ってしかるべき自分の時間を取り戻す番だ。最初に本書を手にしたときのことを振り返ってみよう。物事が思うようにいかず苛立っていたのではないだろうか。数年前の僕はそうだった。もっといい仕事の仕方、暮らし方があるはずだと思った。その答えをあなたに伝授できたなら幸いだ。

あなたがこの先どうするかは、あなた次第だ。ギグ・スタイルを始めるには時間と手間がかかるのは確実だ。でもツールは揃っているし、フリーランサーたちは待っている。オバマ大統領の机に飾られていた「難しい仕事はやるのが難しい」という言葉を胸に刻み、難しい仕事はすばらしい成果を生み出すことも忘れないでほしい。

ポテンシャルをもう一度想像してみよう。

結びに

「『いつかやる病』はあなたの夢を墓場まで連れていこうとする」

――ティモシー・フェリス著『「週4時間」だけ働く。』

コーヒーショップで上司の前に座った数年前のあの日、目の前で、僕のキャリアが音を立てて崩壊した。僕は苦境に陥っていた。自分の立つ地面の下で世界が変動し、自分はスキル不足で、このままでは有用であり続けることができないと感じた。成果を残し、目的や意義を持ちたかったが、同時に、家族の歩みにも取り残されたくなかった。それらを一つでもかなえるには、何かを変えるしかないと気づいた。自分を変えるしかないと。

それからの僕は、それまで持っていた多くの恐れや心配事を手放した。もう、数えきれない会議に縛りつけられ、仕事に忙殺されるのはごめんだと決意した。その結果「SHOULDリスト」が手に負えない長さにならなくなり、パッションプロジェクトも検討したり着手したりできるようになった。最大の成果は、僕にとって一番大切な人たち――家族と友人――と時間を過ごせるようになったことだ。

ギグ・スタイルは、必要に迫られて生み出された手段だ。変わりゆく世界を目の当たりにした僕は、自分も一緒に変化する選択をした。僕の父や祖父の選んだ道は、彼らにとって有効なものだった。けれども僕は、自分なりの道筋を立てなければならなかった。変化に順応し、進化する必要があった。

僕は自分のデフォルトをリセットし、ギグエコノミーで仕事をすることに関して聞いていた風評や不安をすべて振り払った。そうして知り得たことがすべてを変えた。フリーランサーで新しくできたチームが、オンラインを介し、世界のあちこちで常時控えていて、彼らはあらゆる作業を手伝う意欲と能力を持っている。僕のオンラインアシスタント兼リサーチャー兼複数分野のエキスパートだ。彼らは僕の成功を助け、僕は彼らを信頼する。

新しく手に入った余裕と時間を使って、学び直しをすることができた。そんな僕が独学で生み出したギグエコノミーの活用法がT.I.D.E.メソッドだ。プロジェクトを細分化し、エキスパートを見極め、委託を実行する。このプロセスに慣れ、自信がつくにしたがい、僕自身の手法も意識も進化した。カーブに身を委ねて加速した。ギグ・スタイルの活用を、自分の私生活だけでなく会社にも広めた。そして出会う人すべてに伝えるようになった。それが、とてもうれしいことに好評を得た。

本書では、GEやトップコーダー、スクライブ、NASAのソートリーダーを通して導入事例を紹介し、章末の演習課題で自分自身を試してもらった。ギグ・スタイルの可能性を目撃したら、そろそろ次のステップに進むときだ。

新しい世界が待っている

本書で知識を学んだあなたに今必要なのは、ギグ・スタイルに本気で取り組む覚悟だ。毎朝起きたらすぐに、新しいタスクの委託を試してみよう。新しいスタートの手助けとして、巻末に100種類のタスク例を記載した。あとは試すだけだ。

明日の朝スッキリと目覚めたら、また新しいタスクを選んでギグ市場を探し、エキスパートを見つけ、信頼できるフリーランサーのネットワークを築いていこう。自分のデフォルトをリセットすると、どんな可能性が待っているのかを確認できるだろう。

今後あなたは、オンラインアシスタントに旅行の予約を頼む、エキスパートに難しい事柄のリサーチを頼む、チームをつくってウェブサイトを構築する、適切な人を見つけてポッドキャストの始め方を教えてもらう、といったことを試していく。そして、競争戦略をリサーチしたり、プレゼン資料をデザインしたり、自社ブランドにあったコンテンツを選んだりするためのネットワークを広げていくだろう。あなたのパッションプロジェクトがどのようなものであれ、適任のフリーランサーが必ずいてあなたとの出会いを待っている。

プロジェクトを数件委託してみたら、私にリンクトインでコンタクトし、ギグ・スタイルで暮らし始めてからどんなことができているか教えてほしい。あなたのサクセスストーリーを他の人たちにも話そう。みんな、きっと刺激を受けると思う。あなたはもはや、教わる側ではなく、ギグ・スタイルを広めるアンバサダーだ。

変化は行動から始まる。行き詰まりやビジー・トラップに陥っていると感じている人は多い。自分の時間も学び直しの時間も、本当にやりたいことに取り組む時間もない。今僕がやっていることは、数年前の自分なら絶対無理だと思っただろう。あなたの明日の行動があなたの人生を変えるのだ。

飽くなき好奇心

僕には、マット・ベンケというよき友でありメンターがいたが、少し前にすい臓がんで逝ってしまった。彼は、ここシアトルを拠点とするＡＩ関連のスタートアップ企業、マイティー

ＡＩのＣＥＯだった。エネルギッシュでカリスマ性のある、すばらしい男だった。後に、彼が僕にとっていかに大きな影響力を持つか痛感することになる。

以前、彼と歩きながらうちの社内政治のことを愚痴ったことがあった。僕は、会議か何かがバカバカしいと怒っていた。日々のうっぷんがたまりにたまって、もういい加減にしてくれと言いたい状況だった。

自分が成長するための時間がなく、自分がひどく立ち遅れ、絶対に追いつけない気がして、その知識不足のことを考えるとひどく腹が立った。そんな僕をマットは笑った。いつから客観性を失ってしまったのかと僕に聞いた。そして、今でも忘れられないことを教えてくれた。

学び続け、成長し続けろ。そうすれば有用であり続けられると、彼が教えてくれた。それによって安心できるようになり、さらにそれによって人生の目的が見つけられると。

マットは、テクノロジーの発展を加速化するエキスパートで世の中が溢れ、世界がよくなるという構想を熱心に追求していた。時間はあっという間に過ぎ去り、かけがえのないものだと教えてくれたのも彼だ。僕はそのおかげで、自分の行動を、１日でも１週間でも１カ月でもなく、時間刻みで考えるようになった。また、家族と過ごす時間や友人と過ごす時間、志のあるキャリアを持つためにがんばれと言われた。

僕は、企業社会に入ってビジー・トラップにはまっているうちに、学びが楽しいことを忘れていた。だが、あらゆることに好奇心を持つと、自分が固定観念から解放され、多様な考えに共感し、耳を傾け、それらを取り入れられるようになる。

好奇心のおかげで、みんなのアイデアや提案に敬意を持つことができる。それによって、自分のアイデアに磨きがかかる。そしてさらによい仕事ができる。また、自分の学びにもなる。

今の僕が毎日している仕事はマットのおかげだ。飽くなき好奇心は、彼からの最も大切な教訓で、僕はこれからも常に心がけていきたいと思う。

これは、僕がこれまで仕事上で受けた最強のアドバイスだ。僕があなたに何か一つだけ教えられるとしたら、この本で新しいことを一つだけ伝えられるとしたら、それは「学び続けろ、成長し続けろ」ということだ。僕の場合、これが仕事と自分の有用性を維持するための保険になっている。

ギグエコノミーは、インターネットや携帯電話、パソコンの普及と同じくらい大きな革命だ。あらゆる企業のあらゆる人がギグエコノミー戦略を持つ必要がある。マットは、世の中にあふれるエキスパートがテクノロジーの発展を加速させ、世界を良くするという考えをとても熱心に提唱していた。その理念を追求するために、マイティーAI社のCEOとして献身した。

人を亡くした経験は誰もがしていると思う。そして、自分が影響を受けた知人を亡くした人もいるだろう。僕はマットの形見をデスクに飾り、それを毎日見て、明日が当たり前にやってくるものでないことを心に刻んでいる。

自分の時間を取り戻せ、大事なことをするための余裕を持つことが重要だ。明日何が起きるかわからない。ひと時ひと時を実りあるものにしよう。

人々に仕事を提供する

最後に伝えたいこと。僕は、本書の利益をすべて自分のものにするつもりはない。自分の仕事と情熱で家族と不自由なく暮らせる幸運に恵まれている。僕の収入で生活経費を払い、食べていくことができている。だから、本書の執筆は利益目的ではない。ギグエコノミーやギグ・スタイルのことをすべての人が知るべき、という一心で書いた。

そのため、利益の一部をＳａｍａｓｏｕｒｃｅに寄付する。

しばらく前、僕はレイラ・ジャナという起業家が書いた『Give Work（仕事を与えよう）』という本を読んだ。小さな娘を揺すりながら読んでいて、この子もこんなふうに世界の問題解決の一端を担えたらいいなと思った。僕はレイラのがむしゃらな情熱に感化された。彼女はフェイスブックなどのビッグテック企業に勤めて何百万ドルの年収を稼ぐこともできた人だ。しかし、世界を変え、恵まれない人々に機会を与えることを選んだ。

彼女は、地球上で最も貧しい人々に焦点を当てた活動をしている。この本は、どうすれば貧困を解決できるかという課題を扱う。「人々に、お金ではなく仕事を与えればいいのです。彼らに仕事を与えることは、私たちにできる最も有効な対策の一つです。それによって、人々に目的を与え、スキルを与え、一定の暮らしぶりを維持する手段を与えることができます。彼らを貧困から救い出し、地域社会を変えられるのです」と書いている。

僕はこれを読んで、自分自身のアメリカでの生い立ちを考えさせられた。僕はもともとニューオリンズで生まれ育ったが、機会を求めて実家を離れた。家族と離れた生活は楽ではない。娘たちを祖父母に会わせる機会が思うように取れない。僕は恵まれた生活をしているのは間違いないが、これだけテクノロジーが発達しているのだから、もっとフレキシブルな働き方ができてもいいはずと思うのだ。大手企業は、従業員のそうした希望をかなえるために手を尽くしているが、まだまだ大きな課題だ。

一方、この国、そして世界の最大の課題の一つは、機会の分配である。サンフランシスコやシアトル、ニューヨーク、ボストンといったテクノロジーハブ、あるいはアメリカのみに機会を集中させてはいけない。機会は世界中に配分されるべきだ。

スキルを持っていれば、提供できる価値をもっていれば、誰でも世界をよくする取り組みに参加できる世界を目指したい。そうしたオープン参加、考えの多様性、バックグラウンドの多様性、経験の多様性は、インクルーシブな製品づくりやプロジェクトを行おうとする場合に不可欠である。

バックグラウンドの異なる者同士が、互いの意見を聞き、多様なコミュニティを歓迎すればよりよい世界を築ける。放っておいたら見いだされないような人材に機会をつくってあげられ、あらゆるところに存在する才能や創造性に光を当てられるだろう。考えの多様性がもたらす優れた成果物も恩恵の一つだが、そこへ至る過程も同じくらい重要だ。明日の人材に力を与え、活躍する舞台を与えることになる。とても有効な手段だ。

ギグ・スタイルにはそんな効果もある。あなたはそんなこともできる。

僕の父と祖父は会社員の道を歩み、それで家族を養った。しかし彼らが歩んだ道は、これまでにない変動を起こし、ゆっくりと消滅に向かっている。これからの道――ギグ・スタイルには、柔軟性と異なる視点が必要となる。ギグエコノミーを活用し、世界中のフリーランサーを起用する必要がある。でも僕にできたのだから、あなたにもできる。自分の時間を取り戻し、キャリアを立て直そう。そして次のディスラプションの波に乗るのだ。

本書を初めて手にしたあなたは、流砂の上に立っていた。そこにギグ・スタイルのロープが差し伸べられた。今こそ、それをつかむときだ。

付録　「委託」案件１００例

ギグ・スタイルの実践が途方もなく面倒に思え、何から始めればいいのかわからないという人もいる。

そこで、僕が過去数年にファイバー等で行った、１００のプロジェクトの依頼文を紹介する。これらを参考に「委託」することを経験し、ギグエコノミーのポテンシャルを試し、「航空管制官」になるとはどういうことかを知ってほしい。

事務系

1．住宅ローンの繰り上げ返済をしたら、元金がどのくらい減るのかをシミュレーションできるエクセルシートの作成をお願いします。現在、30年の固定金利型ローンを組んでいますが、これを15年で完済するにはどうすればいいのかを知るのが目的です。
2. 印象に残り、SEOフレンドリーなドメイン名を五つ考えてください。
3. 16件の市場調査をお願いします。一部の情報については、クランチベース［世界最大級のベンチャー企業データベース］からの引用も可です。
4. アメリカの消費者の携帯メールやメッセージの利用状況を、Eメールや電話との比較で調べています。その動向と、携帯メール・メッセージの利用者の内訳を教えてください。
5. テクノロジーのディスラプションが、消費者や企業に価値を提供していることを証明するプレゼン原稿の執筆をお願いします。
6. 二つの新興業種に関する解説画像を作成しています。スケジューリング・ソリューションを提供するSaas企業［「Software as a Service」の頭文字を取った言葉。インターネット経由で継続的に利用するソフトウェアサービス］、そして、携帯メールで顧客にメッセージを送信するSMS配信サービス企業の動向、市場サイズ、大手企業名を教えてください。
7. スライドの内容の情報更新をお願いします。
8. このウェブサイトで購入可能なすべての製品をエクセルシートにまとめてください。各商品のブランド、価格、概要を入れてください。
9. 2種類のサイト分類を教えてください。一つは、講習を提供するeラーニングサイト、もう一つは、動画やチャットによるサポートを行っているサイトです。

10. 大学の同級生6人でコロラド州ブレッケンリッジへ行く計画を立てています。日程は7月9~13日です。エアビーアンドビーで寝室が5部屋以上ある、予約可能な物件を10件探してください。各候補物件をリストにし、リンク、一人当たりの宿泊料金合計、数センテンスにまとめたアメニティー情報を記載してください。

11. マイクロソフト・オフィス製品のコミュニティのまとめをお願いします。リンクトイングループ、ユーチューブチャンネルのコミュニティを教えてください。エクセルシートに、グループ/チャンネル名、登録者数、リンクを記載してください。

12. これからのリモートワークに関する、新しい記事を探しています。

13. 添付のPDFファイルの中にある、スライド8番と9番の表形式のデータをエクセルに落とす必要があります。

14. 列記した企業のロゴをスライドにする作業です。すべてのロゴをネット検索で探して作成する必要があります。

15. 自分の読んだ書籍のリストをウェブサイトに掲載するうえで、39冊すべての短い宣伝文(30文字以内)を加える必要があります。アマゾンの内容紹介文の引用可です。

16. 所要時間計2時間、2段階で完結するプロジェクトです。

ステップ1：添付のリストにある企業が、添付のエクセルシートに含まれているかチェックし、含まれていれば、その企業の取引形態がB2BかB2Cかを、エクセルのコラムDに入力する。含まれていなければ、コラムBに企業名、コラムDにB2BかB2Cかを入力する。

ステップ2：その他のコラムの情報を入力する。

17. スライドショーに使用した一連の統計の出典を調べてください。

デジタル・オンラインマーケティング関係

18. ツイッターで利用可能なアカウント名のアイデアを10個考えてください。

19. ツイッターで1日2回記事を紹介しています。お薦めの記事を教えてくれる方を探しています。

グラフィックス・デザイン関係

20. 出版間近の書籍を自身のウェブサイトで宣伝するためのカバーデザインをお願いします。題名は『GIG MINDSET』、サブタイトルは「Reclaim Time, Rethink What's Possible.」です。自分がイメージしている参考デザインを添付します。

21.『サウスパーク』風のアバターの作成をお願いします。

22. 私が脚本を書いている映画のポスター制作をお願いします。題名は『Searching for Ocho（オチョを求めて）』、キャッチフレーズは「漸進主義者の革命」です。8枚刃のカミソリをつくろうと奔走したある大企業の物語です。

23. Ｔｅｌａｍｅｎｔｏｒのロゴのアイデアを5案考えてください。

24. 私の新しいブログのヘッダーロゴを作成してください。参考例として、私がよいと思うフォントやデザインを添付します。

25. 新しく始めるポッドキャスト用の、エピソードごとの画像が必要です。人を引きつける、同じトーンの八つの画像を作成してください。

26. 添付のリストにあるソートリーダーたちのプロフィール写真を探し、３００×３００ピクセルにサイズ変更してください

27. ユーチューブ初心者ですが、専門分野の動画をキュレーションするチャンネルを作成したいと考えています。自分のオリジナル動画も数本撮る予定です。

28. 添付の写真のシャツと同じデザインで「Start Something」という言葉のバージョンを制作したいと考えています。このフレーズを、添付のように、会社のロゴに重ねる形もけっこうです。

プログラミング・IT関係

29．指定した要件を満たすカスタムPCを組むには、どうするのが最適か、調査をお願いします。

30．このウェブサイトと似たサイトを、あなたの独自のスタイルで作成してください。閲覧者のメールアドレスを集めるためのページがありますが、上品でシンプルなデザインを希望します。

31．マイクロソフトアウトルックで使える編集可能なメールテンプレートを作成してください。こちらでデータを追加して送信できるよう、納品はメッセージ形式（.msg）でお願いします。

32．新しいウェブサイトに使用するテーマとプラグインを購入したのですが、そのテーマをロードし、ロゴを追加し、レイアウトをカスタマイズする作業をお願いします。

33．ウェブサイトのファイルをドロップボックスにバックアップしてください。

34．私のワードプレスサイトを更新してくれるウェブデベロッパーを募集します。タグラインの変更、マルチステップフォームの追加、ページトップのカテゴリー一覧の追加をお願いします。

ライティング・翻訳関係

35．私が新たに始めるブログに関する記事を執筆してください。
36．添付の記事を参考にして、ギグエコノミーが台頭し、それが一時的な流行ではない旨の記事を書いてください。他の記事に言及する場合は、引用元の記事のリンクをつけてください。
37．私の新しいウェブサイトのAboutページを執筆してください。
38．新しいウェブサイトのさまざまなページの見出し6本と短い説明文を書いてくれるコピーライターを探しています。参考に、現在のサイトを添付します。
39．ある新しいアイデアの説明動画の台本を書いてください。
40．フリーランサーを雇う際のベストプラクティスについてリサーチをお願いします。
41．フリーランサーと一緒に仕事をする方法を伝授する電子書籍を執筆したいと考えています。仕事にフリーランサーを起用することのメリット、課題、秘訣や裏ワザなどを紹介したいと思います。添付は、今考えている草案と、論点を補強する資料です。各章の論点を含む、しっかりした概要を作成してください。
42．ソーシャル・ベンチャー・パートナーズ［社会的な課題の解決に取り組む革新的な事業に、資金の提供と経営支援を行うＮＰＯ団体」のウェブサイトに提出する、私のプロフィールを作成してください。
43. この文書の校正をお願いします。
44. ビジネスコーチングのウェブサイトと名簿を作成するにあたり、メンタリングについてのリサーチをお願いします。
45. 私のレジュメを更新してください。
46. この音声・動画ファイルを文字起こしし、ワード文書にしてください。
47. 中国語の文書を英語に翻訳してください。
48. ＳＮＳに投稿する記事で、人々が勤務時間にどれだけの時間を無駄にしているかを論じ、いくつかの統計を示しています。この記事に使う説明画像を作成してください。
49. 新刊著書のＰＲ用に、閲覧者のメールアドレスを集めるためのランディングページの作成をお願いします。本が刊行されたら、アマゾンの商品ページへのリンクをそのリストに送信できるようにしたいです。いくつかの資料と、私がよいと思う参考サイトを添付しました。
50. 週刊ニュースレターを発行していますが、各記事の内容を数センテンスに要約する作業を手伝ってください。毎回のニュースレターで８本の記事を紹介します。

予約

51. ○○医院に電話し、直近で予約可能な日時を三～四つ聞いてください。ここには妻と娘たちが通っていますが、私は今回が初診になります。朝の早い時間帯を希望します。日時の選択肢をいったん私に知らせてもらってから、予約をお願いします。
52. アルパイン・スプリンクラーに連絡し、水漏れ点検はどこに頼めばよいか聞いてください。次にそこへ連絡し、私の自宅での点検の予約をしてください。
53. レーバー・デーの連休に、ゴージ・アンフィシアターで行われるデイヴ・マシューズのコンサートに行くのですが、9月1日の公演の、セクション101か203で、最も安いチケットを探してください。隣り合う2席を希望します。いくつかのサイトをあたって、少なくとも10通りの選択肢を教えてください。
54. 以下のテニスイベントにつき、グーグルカレンダーの招待メールを私と友人たちに送信してください。
55. ベルビュー水道会社に、水道メーターが水漏れを示していると通報してください（写真を添付します）。問題を調査しに来てほしいと頼んでください。
56. アリー・プラミング［配管工事業者］から2016年に購入した貯湯式温水ボイラーのパ

イロット灯が故障しています。この業者に連絡し、修理に来てもらう予約をしてください。家のほとんどの部分でお湯が使えないので、一両日中にどうにかしたいです。

57. このレストランに連絡し、母の日の予約をキャンセルしてください。電話番号は、下記ウェブサイトに記載されています。キャンセル理由は、他店に変更したためです。

58. 2月12日にiFLY［屋内スカイダイビング施設］に家族を連れていきたいと考えています。2家族で一緒に行くことを希望しています。できれば、遅めの午前中がいいですが、無理なら他の時間でもかまいません。まず情報を取って知らせてください。その後、予約とチケットの支払いをお願いします。

59. 焼き肉店「イッショニ」（下にリンクを貼ります）の予約をお願いします。2月10日6時、4人です。5時の開店と同時に電話をして予約してください。

60. スノコルミー山でのチュービング［雪上すべり］の予約をお願いします。2月5日午前9時のセッションを希望。大人4名、子ども1名、5歳未満の幼児3名です。

家の修理・メンテナンス

61. 私が取ったシェーディングの見積もりをエクセルシートにまとめてください。私が入力したものを見本にしてください。見積内容には、下のリンクからアクセスしてください。

作成が完了したら、地元の他の業者3社からも見積もりを取ってください。

62. 家の2か所にコンセントを増設したいので、電気工事業者3社から見積もりを取ってください。場所は、1か所が屋内で、もう1か所が屋外ですが、双方とも同じ壁面です。その壁面には既にコンセントや照明のスイッチがあります。

63. 延床面積3000平方フィート（約84坪）の住宅と独立ガレージの苔の除去を頼みたいので、見積もりを3件取ってください。数週間以内での作業完了を希望します。見積もりを検討後、予約をお願いします。

ネット検索

64. 過去5年間で、人々がどれほど多忙になったかを示す統計を5件見つけてください。もともと以下の情報を使うつもりでしたが、調査時期が古いので、もっと新しいものを探しています。

65. 会議で浪費される時間についての記事を3件見つけてください。ソートリーダーによって書かれた、メジャーな業界に関する記事をお願いします。各記事の要約引用と要旨を提出してください。

66. ワードプレスのウェブサイトに、4ステップのリード獲得フォームを設置する作業と、そのための高評価のプラグインを五つインストールする作業をお願いします。フォームを入力したリードに自動メールが送信され、入力情報がエクセルシートに出力されるようにしたいです（CVSファイル）。

67. イスラエルにおけるギグエコノミーのスタートアップおよび既存企業を網羅するリストを作成してください。以下に記入例を2件示します。企業ウェブサイトへのリンクと住所を記載してください。

68. 今日の職場で利用されているさまざまなツールや、サービス、アプリ、製品にまつわる「選択のパラドックス」［選択肢が多いほど、実は悩みも増えるという心理作用］についてのブログ記事を書いています。そうした悩みを取り上げている良質な記事を10件見つけてください。

69. マイクロソフト エクセル、マイクロソフト パワーBI、タブロー［データ分析・可視化支援ソフト］、データビジュアライゼーション、ビジネスアナリシスについて取り上げているポッドキャストを見つけてください。できたら20本くらい挙げてください。

70. チェース銀行発行のアマゾン・プライム会員限定クレジットカードを使っています。その支払い郵送用の住所を調べてください。私の銀行口座から直接振り込みをするためにその情報が必要です。

71. コンピューターやAIが人間の能力を超えている分野について取り上げている記事を10

件見つけてください。

72. マイクロソフト、グーグル、アドビ、セールスフォースが制作しているポッドキャストを見つけてください。ポッドキャスト名とそのサイトへのリンクを含む情報をエクセルシートにまとめて送ってください。

73. 企業顧客の生産性を高め、デジタルトランスフォーメーションを促進している企業のケーススタディを10件見つけてください。以下に例を示します。

74. プロジェクトをタスクに分解するのに役立つアプリやツール、ウェブサイトを探してください。できれば、委託すべきかどうかの判断に役立つ情報やツールが見つかるとうれしいです。

75. ギグエコノミー、これからの働き方、フリーランス、シェアリングエコノミーについて取り上げているポッドキャストをすべて挙げてください。

76. 自身のウェブサイトに該当専門分野の推薦図書を載せている企業とソートリーダーを見つけてください。推薦図書ページのレイアウトやデザインの参考例を探しています。20件のサイトを挙げてください。

77. 業界リーダーにインタビューをするポッドキャスト番組を始めようとしています。核心に迫る質問を考えるためのベストプラクティスをまとめた記事を見つけてください。

78．デルタ航空のアメリカン・エキスプレスカードを解約したいのですが、更新すると、コンパニオンチケットがもらえる［一緒に乗る人の航空券が無料］という特典があります。どのタイミングでその特典を得られるのか、また、いつ年会費をチャージされるのかを調べてください。

79．自分の時給を計算する方法についての記事を書いており、そのためのリサーチをお願いします。このテーマに関する記事を5～10見つけ、各記事の要旨を箇条書きにまとめてください。

80．Lenovo ThinkCentre M910q を購入しました。手持ちのモニター3台を接続したいのですが、HDMIポートがなく、DVIポートのみです。接続するにはどうするのがベストか調べてください。

物品の売買

81．iウオッチ2の38ミリホワイトバンドを売りたいので、商品説明文を書き、落札相場を調べ、クレイグリストとイーベイに投稿してください。中古ですが、ほとんど使っていません。

82．食洗機の右側のクリップを購入しなければなりません。パシフィック・スペシャルティ社に電話をし、そのパーツを自宅に配送するよう依頼してください。食洗機の品番とシリアル番号は以下のとおりです。

83. ソファ（下の写真）のボタンが二つ取れています。これを修理するためのリサーチと見積もり依頼をお願いします。見積もりは3件取ってください。写真を添付します。

84. コーラー社のトイレタンクのボールタップを交換する必要があります。添付のシリアル番号から、適合する廉価なボールタップを探して購入し、自宅に配送してください。

85. レゴを大量購入できる最適なところを調べてください。ミニチュアキャラクター入り、洗浄済み、いろいろな色、いろいろなパーツが入った、2~5ポンドのセットを希望します。商品ページへのリンクを10件送ってください。価格に、当方自宅への配送料が含まれていることを確認してください。

86. 下に貼った二つのリンク先に記載された推薦図書をエクセルシートにまとめてください。書籍名とアマゾンのリンクを記載してください。

87. ブログ記事執筆のために、プロダクトハント［デジタルプロダクト投稿サイト］に掲載された1週間分の企業の画像を集める必要があります。目的は、1週間のあいだにこんなにも多くの新製品が生まれていることを示すことです。Zipファイルにまとめて提出してください。

商品リサーチ

88. 先日の旅行でビクトリノックスのビジネスバッグのハンドルが壊れました。取り付け金具のネジがゆるみ、ピンが外れてしまったようです。メーカーのサイトかベルビュー市内の業者、どちらでもよいので、修理するにはどうするのが一番よいか調べてください。

89. 自宅用にメッシュＷｉ‐Ｆｉの購入を考えています。エーロとグーグルのＷｉ‐Ｆｉルーターそれぞれの商品レビューと、価格をまとめて送ってください。

90. 下の写真のような、ガーデンテーブルの下でパラソルを支えるベースを買いたいのですが、17インチ四方以下の大きさのものを探してください。

91. オープンオフィスに移ったので、充電器付きヘッドホンを探しています。四つ星以上の評価がついている商品を10点挙げてほしいのですが、そのうちの5点以上をビンテージものにしてください。

92. 6カ月前にＡＴ＆ＴよりｉＰｈｏｎｅを購入したのですが、ＧＰＳ機能に問題があります。推奨されているソフトウェアによる解決策はすべて試しました。ＡＴ＆Ｔに連絡して、別の端末に買い替えるにはどんな選択肢があるか調べてください。

93. 下の写真のような、白いガーデン用ハンギングパラソルを探しています。候補を10点以上挙げてください。

94. MTailorのシャツとUNTUCKitのシャツを比較するためのレビューを集めています。また、それらのレビューを読んだ結果、あなたが一番よいと思うシャツはどれか、意見を聞かせてください。

95. 添付のモデムについて、価格の比較と、評価の比較をお願いします。

96. ポッドキャストキット（スタンド付きマイク、スクリーン付きマイク、ミキサー、ヘッドホンのセット）を探しています。評価が非常に高い候補を5～10点挙げてください。

97. アメリカン・ジャイアントの在庫切れのTシャツを探しています。いつ入荷するか、アメリカン・ジャイアントに直接問い合わせてください。

旅行手配

98. シアトルからニューヨーク・シティ行きのフライトを探してください。往路6月24日、復路7月7日です。できれば、デルタ航空かアラスカ航空の直行便を希望します。

99. 以下の条件で最安値の便を探し、5件の見積もりを出してください。すべての付帯料金と税金を含む価格を表示してください。

100. シアトルからワシントンDC行きの二人分の航空券が必要です。4月1日の現地時間午後3時までに到着する便で、できれば、直行便、デルタ航空を希望。夜行便でも、朝一番でもかまいません。選択肢を三～五つ提示してください。

謝辞

本書を、僕のすばらしい妻レイチェルと、二人の娘、シドニーとハーパーに捧げる。娘たちが社会人となったとき、健全で、充実した、意義深い人生を送れることを願う。

本書の執筆には2年を費やしたが、そこに至るまでの努力はもっと長い時間を要した。僕が、もっといい仕事の仕方があるはず、テクノロジーと変化する経済に合わせて前進するにはもっといい方法があるはず、と気づいたのはかなり前だ。これまでの道のりで、僕の思いに共鳴してくれるたくさんのすばらしい人たちに出会った。以下の人々と、その揺るぎない支持がなければ、本書が完成することはなかっただろう。

●過去5年間、僕の個人の仕事を手伝ってくれた何百人ものすばらしいフリーランサーの方々。あなたがたの情熱と献身、職業倫理、好奇心は、僕の将来への展望を永遠に変えてくれた。

●僕の心強い支えであり、一番のファンであり、一番の批評家である妻のレイチェル。彼女にはいつも、自分たちの方向性を考え直させられる。

●子どもの時から、僕の変わり続ける興味を支えてくれ、すばらしい生い立ちと、無償の愛、サポート、好奇心を授けてくれた両親、ジョンとペギー・エステス。

●なかなか会えないけれど、僕のシアトル生活をビデオチャットで見てもらうようにしている妹のサラと、夫のジャスティン、すばらしい娘たちエマとジュリア。

●妻の家族、ロイとスーザン・バックマン、ジャレッドとアリサ・クラストナー、その息子のミッキー。

●キャリアチェンジにはプロのサポートが必須であることを教えてくれた、僕のキャリアコーチ、サミア・コーンウェイベルとドナ・セラーズ。

●テッド・ローデン、ジョシュア・ボルタックをはじめとする、ファンシーハンズのすばらしいオンラインアシスタントのみなさん。彼らがたくさんのタスクを手伝ってくれたおかげで、過去18カ月で11日相当の時間が節約できた。

●ストーリーテリングの天才、キャシー・ガトリー。自分の語り口を確立し、個人の体験記を書くときは弱みをさらけ出すよう、僕に指導してくれた。

- 僕の毎日の仕事に大きな影響を与え続けているマット・ベンケ。彼の生きざまが、小さなことに感謝し、自分の興味の方向にキャリアを立て直す勇気を与えてくれた。
- 僕にオンラインアシスタントの利用を最初に勧め、ギグ・スタイルへの道を行くきっかけを与えてくれたアダム・ベンジオン。大企業勤務からシリアルアントレプレナーに転身した彼の感化を受けながら、僕は日々の仕事をしている。
- リモートでつながり、僕の突飛なアイデアに耳を傾け、よい時も悪い時も支えてくれたレスリー・フレンド。リモートワークで社会とつながる彼女の考え方が、僕に、ワークライフバランスを向上させるには違ったやり方をせねば、と考えさせてくれた。
- 自らの体験を共有し、僕のキャリアを方向づけてくれた多くのメンターたち：ジョン・メディカ、マーク・ベナ、ミシェル・パーシー、ニノ・ストーニオーロ、ブライアン・トビー、クリス・ネルソン。
- 5年前からうちに来てくれて家族の一員となり、毎日賢明なアドバイスをしてくれるアリン・シンスキー。
- フリーダイヤルにいきなり電話し、フリーランサーの起用による可能性を熱弁する僕の話を辛抱強く聞いてくれたケリー・トレジラス（アップワーク・ストラテジック・アカウント・ディレクター）。

●「ワーク・ウィザウト・リミッツ™（限界なき仕事）」を旗印に、日々、企業がフリーランサー起用の力を活用する手助けをしてくれているアップワークのチーム：ステファン・カスリエル、エリック・ギルピン、ヘイデン・ブラウン、ドン・フォレスト、ボニー（エルガミル）シャーマン、マイダ（マラール）キャスパー、ジョン・オリバー、その他多くの方々。

●執筆と著作物を通して、社員とフリーランスを組み合わせる手法のポテンシャルを教えてくれたジョン・ヤンガー。

●本書で自身の体験談や事例を共有し、ギグ・スタイルの威力を強く信じる寄稿者のみなさん：マイク・モリス、スティーブ・レイダー、ダイアン・フィンクハウゼン、ジョン・ウィンザー、タッカー・マックス。

krueger_cws_-_march_29_20165.pdf.

3 自分のデフォルトをリセットする

20 Michael Mankins, Chris Brahm, and Greg Caimi, "Your Scarcest Resource," *Harvard Business Review*, May 2014, https://hbr.org/2014/05/your-scarcest-resource.

21 Justin Bariso, "Microsoft's CEO Knows How to Run a Meeting. Here's How He Does It," *Inc.com*,https://www.inc.com/justin-bariso/microsofts-ceo-knows-how-to-run-a-meeting-hereshow-he-does-it.html.

22 https://www.businessinsider.com/16-people-who-worked-incredibly-hard-to-succeed-2012-9#dallas-mavericks-owner-mark-cuban-didnt-take-a-vacation-for-seven-years-while-starting-his-first-business-3.

23 Dorie Clark, "Even Senior Executives Need a Side Hustle," *Harvard Business Review*, November 29, 2017, https://hbr.org/2017/11/even-senior-executives-need-a-side-hustle.

4 T.I.D.E.メソッド

24 Rachel Botsman, "The Currency of the New Economy is Trust." Filmed June 2012 at TEDGlobal, Video 19:32, https://www.ted.com/talks/rachel_botsman_the_currency_of_the_new_economy_is_trust?language=en.

6 特定・認識する

25 Kevin J. Boudreau, Karim R. Lakhani, and Michael Neietti, "Performance Responses to Competition across Skill-Levels in Rank Order Tournaments: Field Evidence and Implications for Tournament Design," *Harvard Business School*, January 8, 2016, https://dash.harvard.edu/bitstream/handle/1/11508222/boudreau%2clakhani%2cmenietti_performance-response-tocompetition-across-skill-levels.pdf?sequence=3.

2017, https://blog.mavenlink.com/press/white-collar-gig-economy-research.

9 "Understanding the Long Tail of the Gig Economy," *PYMNTS*, May 17, 2018, https://www.pymnts.com/gig-economy/2018/freelance-workers-payments-online-marketplace-hyperwallet/.

10 "Understanding the Long Tail of the Gig Economy," *PYMNTS*, May 17, 2018, https://www.pymnts.com/gig-economy/2018/freelance-workers-payments-online-marketplace-hyperwallet/.

11 MBO Partners, "The State of Independence in America," 2018, https://www.mbopartners.com/wp-content/uploads/2019/02/State_of_Independence_2018.pdf.

12 MBO Partners, "The State of Independence in America," 2018, https://www.mbopartners.com/wp-content/uploads/2019/02/State_of_Independence_2018.pdf.

13 Manpower Group, "#GigResponsibly," 2017, https://www.manpowergroup.co.uk/wp-content/uploads/2017/10/MG_GiggingResponsibly.pdf.

14 Tiffany Bloodworth Rivers, "10 Gig Economy Statistics You Won't Believe," *iOffice*, February 6, 2019, https://www.iofficecorp.com/blog/10-gig-economy-statistics.

15 Scott D. Anthony, S. Patrick Viguerir, and Andrew Waldeck, "Corporate Longevity: Turbulence Ahead for Large Organizations," *Innosight*, Spring 2016, https://www.innosight.com/wp-content/uploads/2016/08/Corporate-Longevity-2016-Final.pdf

16 Stephane Kasriel, "Skill, re-skill and re-skill again. How to keep up with the future of work," WeForum, July 31, 2017, https://www.weforum.org/agenda/2017/07/skill-reskill-prepare-for-future-of-work/.

17 "Accelerating Workforce Reskilling for the Fourth Industrial Revolution," World Economic Forum, July 27, 2017, https://www.weforum.org/whitepapers/accelerating-workforce-reskilling-for-the-fourth-industrial-revolution.

18 Josh Bersin, "Future of Work: The People Imperative," *Deloitte*, October 2017, https://www2.deloitte.com/content/dam/Deloitte/il/Documents/human-capital/HR_and_Business_Perspectives_on_The%20Future_of_Work.pdf.

19 Lawrence F. Katz and Alan B. Krueger, "The Rise and Nature of Alternative Work Arrangements in the United States," *Princeton*, March 29, 2016, https://krueger.princeton.edu/sites/default/Dles/akrueger/Dles/katz_

脚注

序文

1 “This Day in History,” History.com, October 20, 1968, https://www.history.com/this-day-in-history/fosbury-flops-to-an-olympic-record.

はじめに

2 Megan Leonhardt, “Only 28% of Americans Plan to Max Out their Vacation Days This Year,” *CNBC*, April 27, 2019, https://www.cnbc.com/2019/04/26/only-28percent-of-americans-plan-to-max-out-their-vacation-days-this-year.html.

3 Andrew Perrin, “Who Doesn't Read Books in America?” *Pew Research Center*, March 23, 2018, https://www.pewresearch.org/fact-tank/2018/03/23/who-doesnt-read-books-in-america/.

4 Andrew Perrin, “Who Doesn't Read Books in America?” *Pew Research Center*, March 23, 2018, https://www.pewresearch.org/fact-tank/2018/03/23/who-doesnt-read-books-in-america/.

5 Marguerite Ward, “A Brief History of the 8-Hour Workday, Which Changed How Americans Work,” *CNBC*, May 3, 2017, https://www.cnbc.com/2017/05/03/how-the-8-hour-workday-changed-how-americans-work.html.

1 流砂の上に立つ

6 Shane McFeely and Ryan Pendell, “What Workplace Leaders Can Learn from the Real Gig Economy,” *Gallup*, August 16, 2018, https://www.gallup.com/workplace/240929/workplaceleaders-learn-real-gig-economy.aspx.

7 Shane McFeely and Ryan Pendell, “What Workplace Leaders Can Learn from the Real Gig Economy,” *Gallup*, August 16, 2018, https://www.gallup.com/workplace/240929/workplaceleaders-learn-real-gig-economy.aspx.

8 Meghan Heffernan, “Mavenlink Study Finds that Senior Executives, Not Millennials, Driving US Towards Gig Economy,” *Mavenlink*, September 28,

ポール・エステス　Paul Estes

20年にわたり、デル、アマゾン、マイクロソフトなどの巨大IT企業で活躍後、独立。現在は、世界トップレベルのフリーランス・ソフトウェアエンジニアのリモート派遣を行うトプタル社が運営する「Staffing.com」で編集長を務める。また、ギグエコノミーやフリーランサーを活用し躍進する企業の支援を行っている。ポッドキャスト番組「Gig Mindset」の元ホストでもある。

和田美樹　わだ みき

東京生まれ。1987年より米国在住。輸出入販売会社勤務を経て、幅広い分野の翻訳に従事する。主な訳書に『人生を大きく変える小さな行動習慣』（日本実業出版社）、『武器化する嘘』（パンローリング株式会社）、『カスタマイズ【特注】をビジネスにする戦略』（CCCメディアハウス）などがある。

GIG MINDSET ギグ・マインドセット
副業時代の人材活用

発行日：2021年3月3日（初版）

著者：ポール・エステス
訳者：和田美樹
翻訳協力：株式会社トランネット（https://www.trannet.co.jp）
装丁：井上新八
本文デザイン：臼井弘志
DTP：新井田晃彦（有限会社共同制作社）、鳴島亮介
印刷・製本：萩原印刷株式会社
発行者：天野智之
発行所：株式会社アルク
〒102-0073 東京都千代田区九段北4-2-6 市ヶ谷ビル
Website：https://www.alc.co.jp/

PC：7021002 ISBN：978-4-7574-3677-0

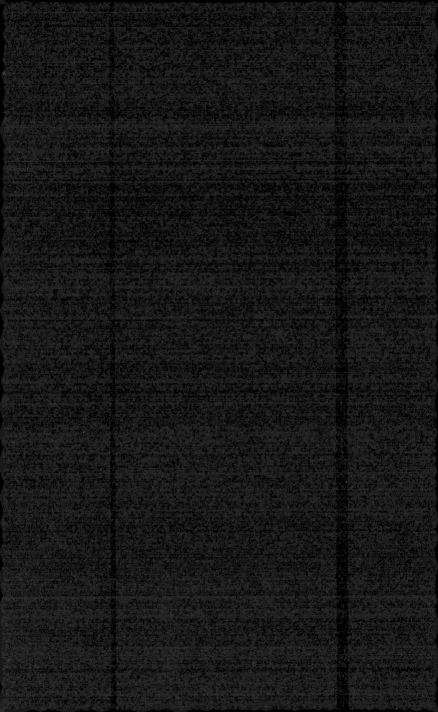